KLARTEXT

Ernst Hofacker

Irgendwie, irgendwo, irgendwann …

Das Quiz zur POPMUSIK der 80er Jahre

Impressum

Bibliografische Information der Deutschen Nationalbibliothek
Die Deutsche Nationalbibliothek verzeichnet diese Publikation in der Deutschen Nationalbibliografie; detaillierte bibliografische Daten sind im Internet über http://dnb.dnb.de abrufbar.

1. Auflage Oktober 2020

Satz und Gestaltung: Bettina Steinacker
Umschlaggestaltung: büropecher, Köln
Umschlagabbildung: Getty Images/Peter Bischoff
Druck und Bindung: Multiprint GmbH, Kostinbrod 2230, Slavianska Str. 10 A, Bulgarien

ISBN 978-3-8375-2338-6

KLARTEXT

Jakob Funke Medien Beteiligungs GmbH & Co. KG
Jakob-Funke-Platz 1, 45127 Essen
info@klartext-verlag.de, www.klartext-verlag.de

INHALT

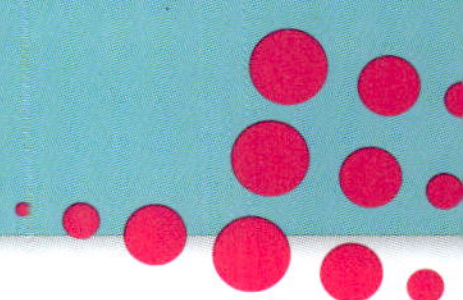

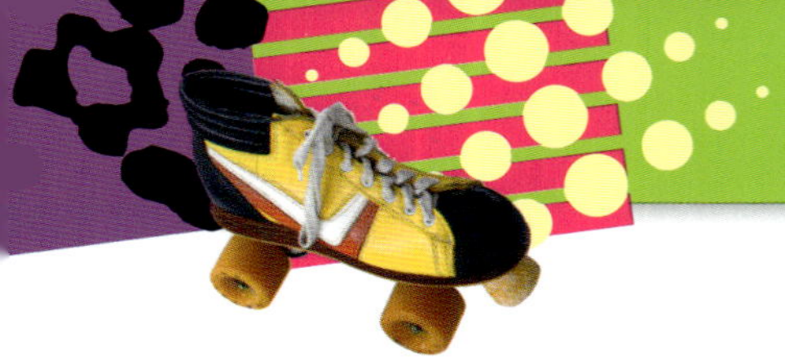

Vorwort

Böse Zungen sprechen von den 80er Jahren als dem „Jahrzehnt des schlechten Geschmacks". Egal, denn selten hat Pop so viel Spaß gemacht. Und selten hatte er mehr zu bieten: schrille Vögel wie Boy George, exzentrische Genies wie Michael Jackson, skandalumwitterte Popköniginnen wie Madonna und hemdsärmelige Rockhelden wie Bruce Springsteen. Dazu trat mit MTV der erste Videoclipsender auf den Plan, so dass wir endlich auch sehen konnten, wer all die tolle Musik machte.
Das bis heute größte TV-Popereignis fällt ebenfalls in diese Dekade: Am 13. Juli 1985 ging in London und Philadelphia das legendäre „Live Aid"-Spektakel über die Bühne. Wissen Sie noch, wer dabei war? Und wer nicht?
Und dann war da natürlich noch die Musik selbst. Die großen und die nicht ganz so großen Hits des Jahrzehnts laufen bis heute im Radio rauf und runter. Sie bleiben uns im Gedächtnis wie die unvergesslichen Alben jener Jahre. All das ist letztlich die Geschichte eines jeden einzelnen von uns: Songs wie „Billy Jean" und „Purple Rain", Langspielplatten wie „Thriller" und „Faith", Künstler wie Nena, Prince und Modern Talking, dazu Schulterpolster, „Dirty Dancing" und die hochtoupierten Monstermähnen der Hair-Metal-Rocker. Sie erinnern sich doch, oder?

Ernst Hofacker

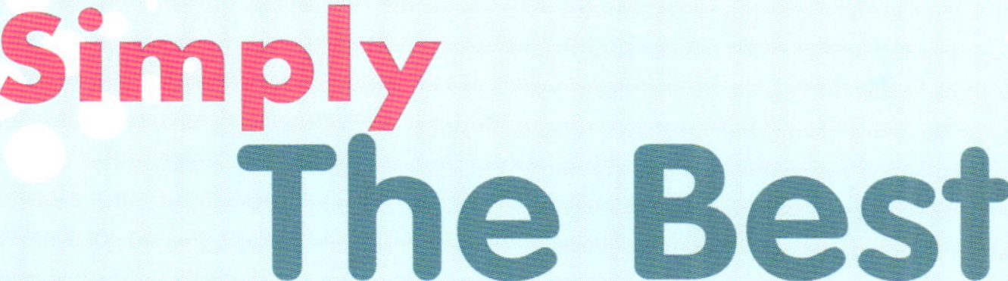

Die ganz Großen waren es, die dem schrillbunten Pop der 80er Jahre sein Gesicht gaben: Superstars wie Madonna, Prince und Michael Jackson, Bands wie U2, Queen und Guns N' Roses und Paradiesvögel wie Boy George, Prince und Cyndi Lauper.

1. Wer war „Bad"?

2. In welchem Popduo startete George Michael seine Karriere?

3. Und wie hieß dessen nicht totzukriegender Weihnachtshit?

4. Der englische Ex-Punk Billy Idol gehörte zu den erfolgreichsten Popsängern der Dekade – was war neben dem platinblonden Stachelhaar sein optisches Markenzeichen?

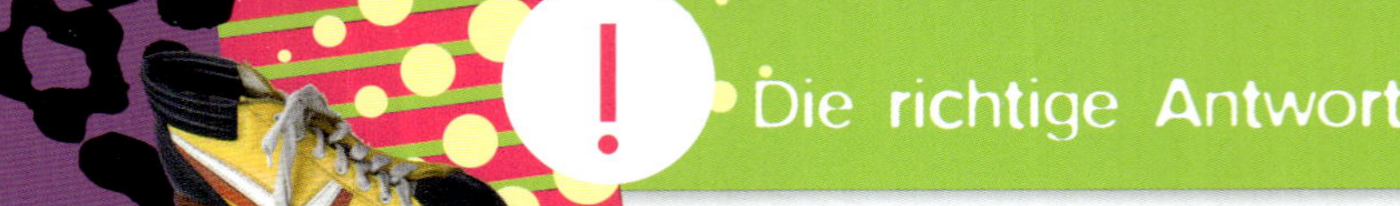

Die richtige Antwort

1. Michael Jackson

2. Wham!

3. „Last Christmas“

4. Die spöttisch hochgezogene Oberlippe

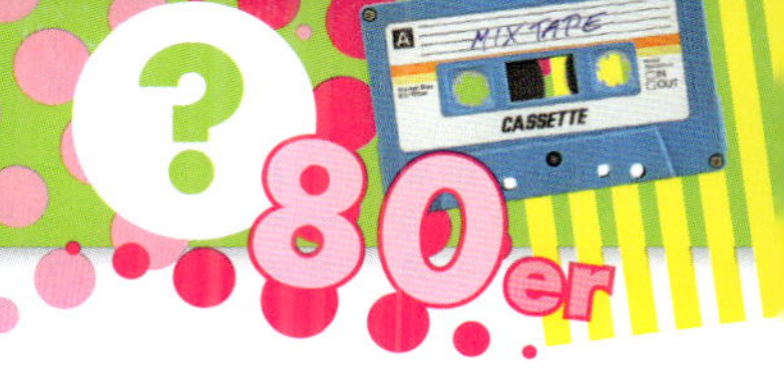

5. Welche afroamerikanische Rocksängerin spielte die Rolle der Aunty Entity im Kinohit „Mad Max – Jenseits der Donnerkuppel"?

6. Welchen neuen Stil machten Blondie 1981 mit ihrem Hit „Rapture" bekannt?

7. Am 19. Juli 1988 gab der „Boss" in der Radrennbahn Berlin-Weißensee das größte Konzert in der Geschichte der DDR – wie heißen der Sänger und seine Band?

8. Mit 18 war sie als Model in der „Vogue" zu sehen, mit 20 legte sie als Sängerin mit Hits wie „I Wanna Dance With Somebody" los – wie hieß die erfolgreichste schwarze Sängerin ihrer Zeit?

9. Wie hieß die kalifornische Mädchenband um die Leadsängerin Susanna Hoffs, die ihren größten Hit einer Komposition von Prince verdankt?

10. Und wie hieß dieser Hit?

11. Ihren einzigen Nr.-1-Hit in England schafften Annie Lennox und Dave Stewart mit „There Must Be An Angel (Playing With My Heart)" – wie hieß ihre Band?

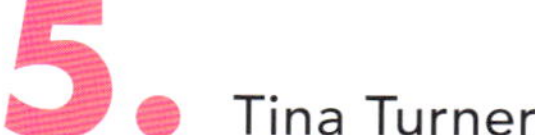

5. Tina Turner

6. „Rapture“ war der erste Pop-Hit mit ausgiebigem Rap-Part.

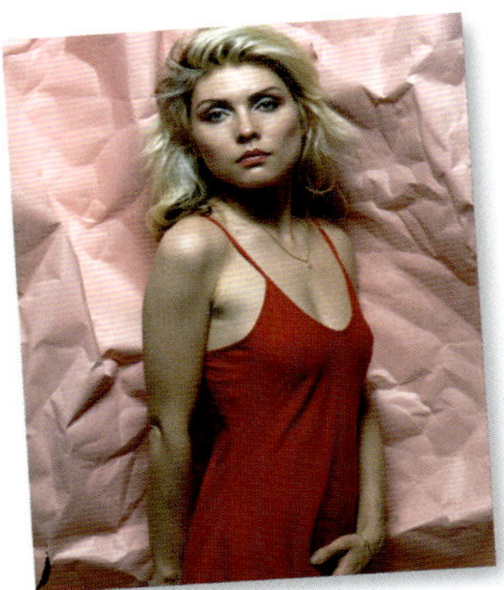

7. Bruce Springsteen & The E Street Band

8. Whitney Houston

9. The Bangles

10. „Manic Monday“

11. Eurythmics

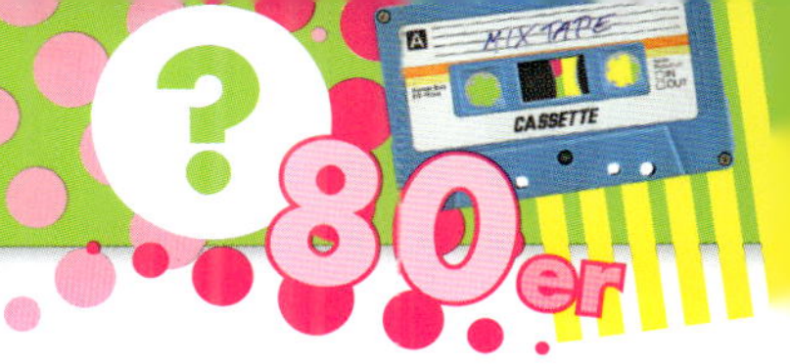

12. Welche Band führte im Februar 1981 ihr Erfolgsalbum „The Wall" live an acht aufeinanderfolgenden Abenden in der Dortmunder Westfalenhalle auf?

13. Wer spielte bei dieser englischen Rocklegende neben Gitarrist David Gilmour, Drummer Nick Mason und Keyboarder Rick Wright den Bass?

14. Sie begannen als Schülerband in Dublin und wurden zu einer der erfolgreichsten Rockgruppen aller Zeiten – ihr Name?

15. Wer startete seine Karriere mit dem Kulthit „Sultans Of Swing"?

16. Erst nachdem ihr Sänger Bon Scott gestorben war, schafften es die Australier mit dem Erfolgsalbum „Back In Black" bis ganz nach oben – von welcher Band ist die Rede?

17. Welcher berühmte Metal-Sänger biss am 20. Januar 1982 in Des Moines, Iowa, auf der Bühne einer lebenden Fledermaus den Kopf ab?

12. Pink Floyd

13. Roger Waters

14. U2

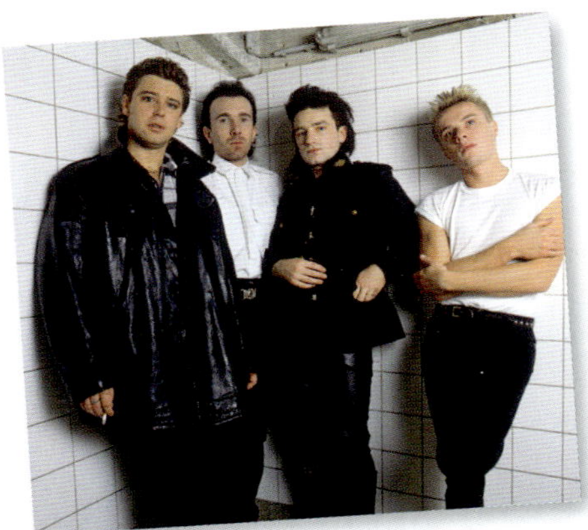

15. Dire Straits

16. AC/DC

17. Ozzy Osbourne

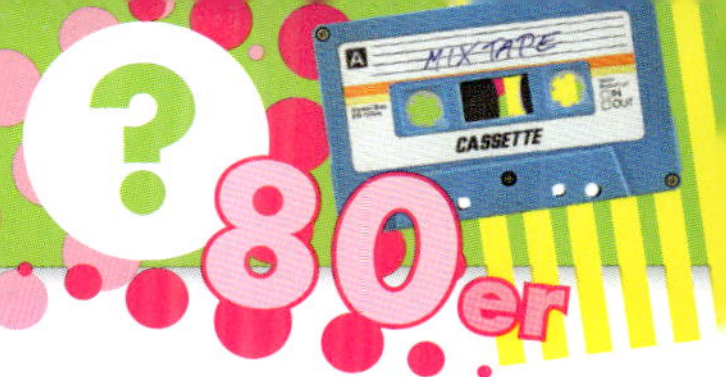

18. Keine Radiowelle, auf der Hits wie „Smooth Operator" und „Your Love Is King" nicht zu hören gewesen wären – wie heißt die aus Nigeria stammende Sängerin?

19. Der Kalifornier revolutionierte mit seiner Tapping-Technik nicht nur das Gitarrenspiel, auch lieh er – zusammen mit seinem Bruder – ihrer gemeinsamen Band seinen Namen. Wie heißt der Musiker?

20. Welche US-Sängerin schaffte 1984 mit ihrem Song „Like A Virgin" und dem dazugehörigen Skandalvideo den internationalen Durchbruch?

21. Welcher Musiker aus Minneapolis ließ lila Regen fallen?

22. Der Londoner George Alan O´Dowd wurde mit seiner Band Culture Club und dem Hit „Do You Really Want To Hurt Me" weltberühmt – wie lautete sein Künstlername?

23. Welcher ehemalige Beatle eroberte 1988 mit „Got My Mind Set On You" zum ersten Mal als Solokünstler Platz eins in den USA?

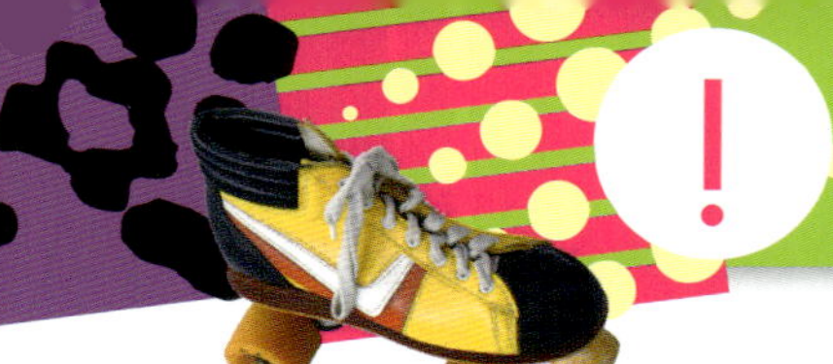

18. Sade

19. Eddie Van Halen

20. Madonna

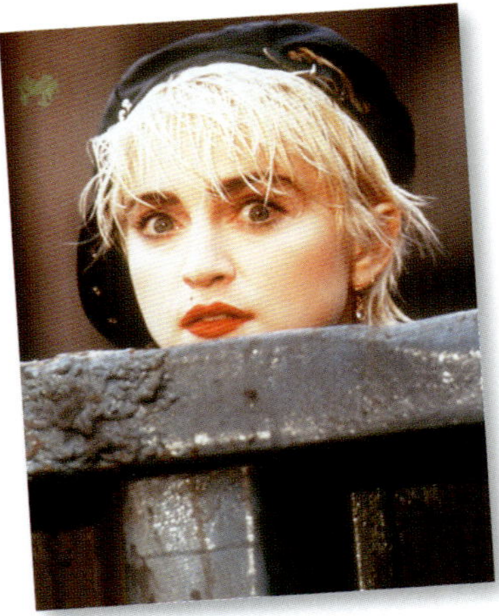

21. Prince

22. Boy George

23. George Harrison

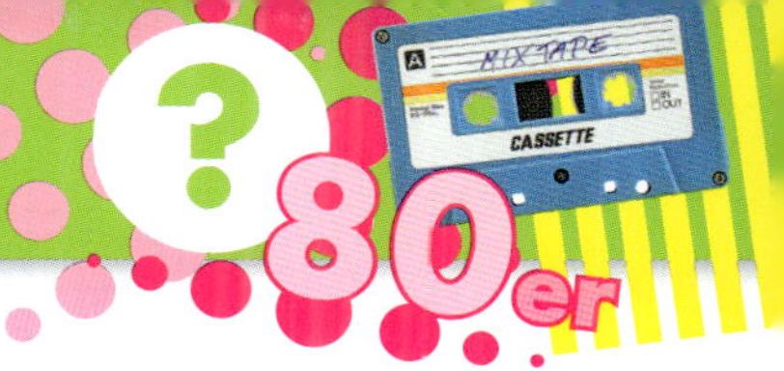

24. Seine berühmte rote Gitarre hatte Brian May zusammen mit seinem Vater selbst gebaut. Auf ihr spielte er sämtliche Hits welcher Band ein?

25. Zu den größten Stars des Jahrzehnts gehörte die US-Sängerin Diana Ross. In welcher Motown-Gesangsgruppe hatte sie ihre Karriere begonnen?

26. An der Seite welches berühmten US-Schauspielers wurde die australische Sängerin Olivia Newton-John 1978 im Musical-Film „Grease" zum Superstar?

27. Er war von Geburt an blind und bereits ein Veteran im Popgeschäft, als er mit „Happy Birthday" eines der berühmtesten Geburtstagslieder aller Zeiten schrieb. Von wem ist die Rede?

28. Eine der erfolgreichsten Rockbands der 1980er Jahre war Toto. In einem ihrer größten Hits besangen sie einen ganzen Erdteil – welchen?

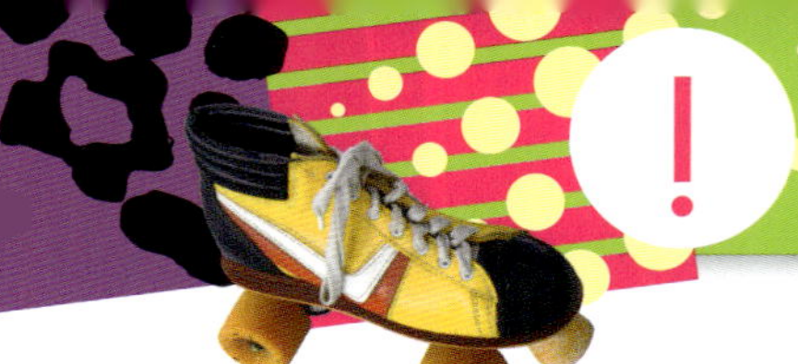

Die richtige Antwort

24. Queen

25. The Supremes

26. John Travolta

27. Stevie Wonder

28. Afrika / „Africa“

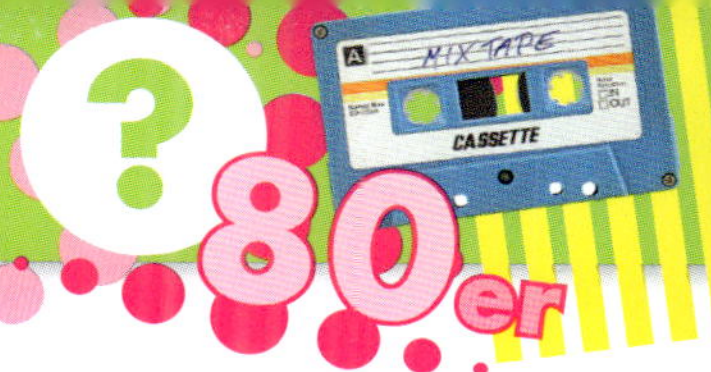

29. Begonnen hatte sie ihre Karriere 1969 im Münchener Ensemble des „Hair"-Musicals, in den 80ern hatte sie Hits wie „She Works Hard For The Money". Wer ist gemeint?

30. Zuerst hatte Sylvester Stallone Queen gefragt, ob er deren Hit „Another One Bites The Dust" für seinen Film „Rocky III" verwenden dürfe. Die Engländer hatten abgelehnt, eine andere Band bekam den Auftrag und lieferte „Eye Of The Tiger" – wer war's?

31. Wie hieß der Mann mit der Reibeisenstimme, der schon 1969 mit dem Beatles-Song „With A Little Help From My Friends" berühmt geworden war und ein Erfolgsalbum der 80er nach seiner Heimatstadt Sheffield benannte?

32. Wer besang die Dame in Rot?

33. Nach neun Nr.-1-His in Deutschland verabschiedeten sie sich im November 1983 mit ihrer letzten Single „Thank You For The Music" – wie hieß die Gruppe?

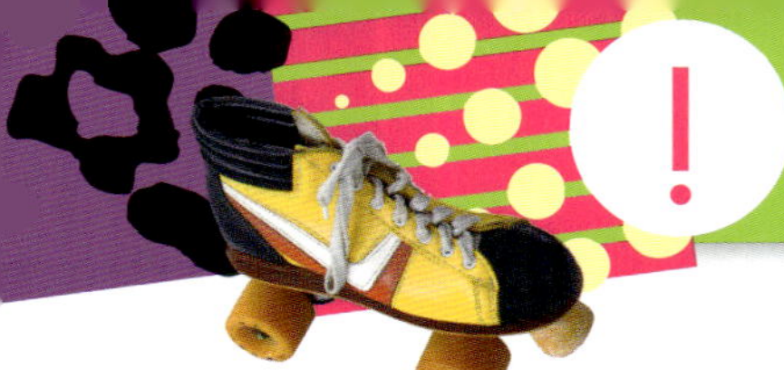

Die richtige Antwort

29. Donna Summer

30. Survivor

31. Joe Cocker

32. Chris de Burgh

33. ABBA

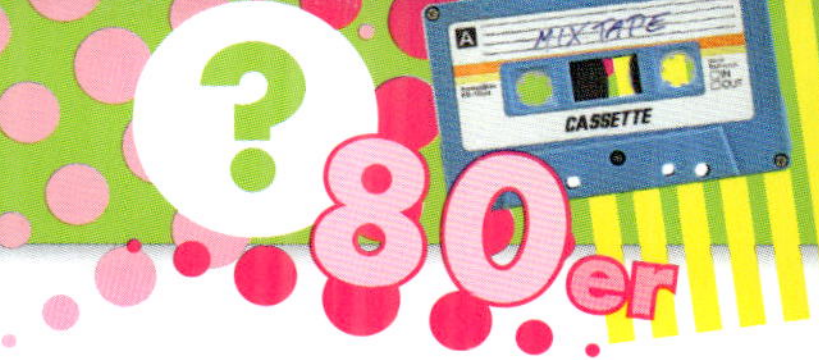

34. Und wie hieß der Song, mit dem sie neun Jahre zuvor bekannt geworden waren?

35. Phil Collins war nicht nur einer der erfolgreichsten Solokünstler der 1980er Jahre, er war gleichzeitig auch Mitglied einer legendären englischen Rockgruppe – und die hieß?

36. Wie hieß das Pop-Duo, mit dem Daryl Franklin Hohl und John William Oates in den 80ern sage und schreibe 13 Top-Ten-Hits in den USA landeten?

37. Mit welcher Band und Songs wie „This Is Not A Love Song" mischte Sex-Pistols-Legende John Lydon alias Johnny Rotten in den 80ern die Charts auf?

38. Die englisch-amerikanische Gruppe war, wie es in einem ihrer großen Hits hieß, ein echter „Juke Box Hero". Ihr Name?

39. Der Schotte Jim Kerr war nicht nur mit Pretenders-Sängerin Chrissie Hynde verheiratet, mit seiner Band landete er auch Hits wie „Don't You (Forget About Me)" – wie hieß die Gruppe?

34. „Waterloo“

35. Genesis

36. Hall & Oates

37. Public Image Ltd.

38. Foreigner

39. Simple Minds

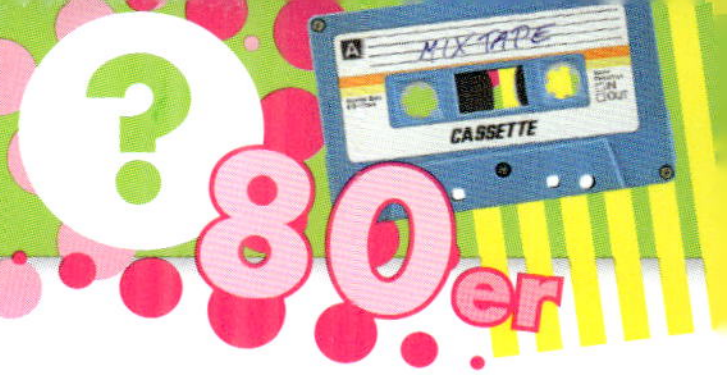

40. Welcher kanadische Rocksänger benutzte im Vornamen die ungewöhnliche Schreibweise „Bryan“?

41. Und wie hieß sein größter Hit, in dem er sich an einen Sommer in seiner Jugend erinnerte?

42. Welche englische Popgruppe um den Leadsänger Simon Le Bon schrieb 1985 den Titelsong für den James-Bond-Film „A View to a Kill“ („Im Angesicht des Todes“)?

43. Der US-Amerikaner Huey Lewis wurde durch Hits wie „The Power Of Love“ und „The Heart Of Rock'n'Roll“ bekannt. Wie hieß seine Begleitband?

44. Der Sänger, Songwriter und Leadgitarrist der englischen Dire Straits hieß ...

45. Die englischen Musiker Neil Tennant und Chris Lowe starteten ihre Karriere mit dem Welthit „West End Girls“ – wie nannten sie ihr Elektropop-Duo?

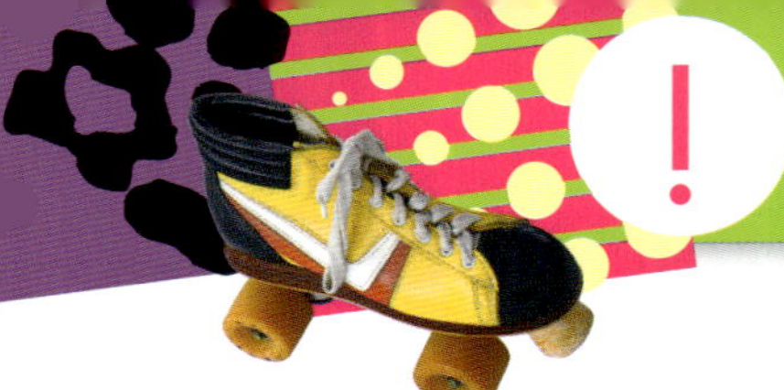

40. Bryan Adams

41. „Summer Of '69"

42. Duran Duran

43. The News

44. Mark Knopfler

45. Pet Shop Boys

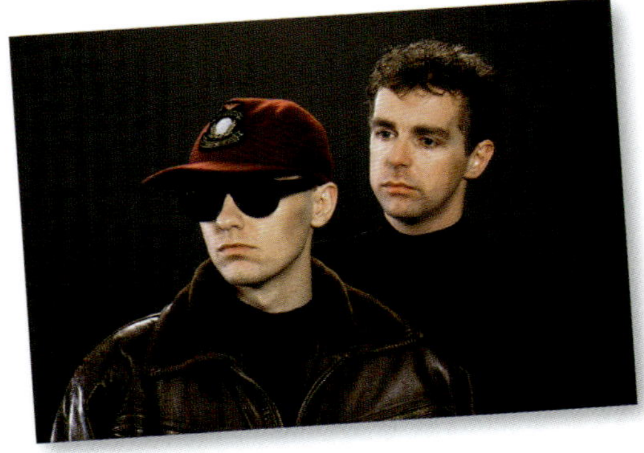

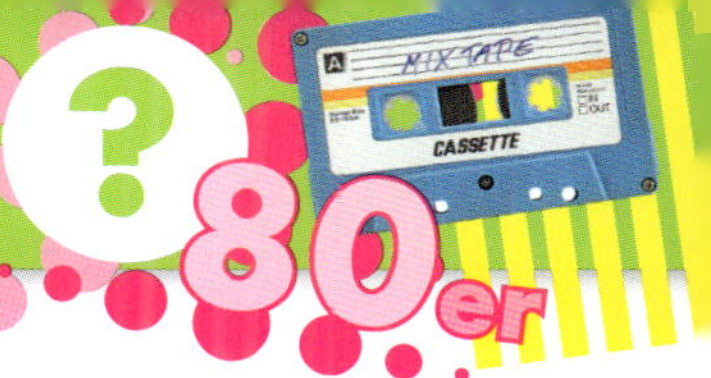

46. Der 8. Dezember 1980 war ein trauriger Tag – vor allem für Beatles-Fans. Was geschah an diesem Abend?

47. Wenige Monate später, am 11. Mai 1981, starb mit Bob Marley ein weiterer Superstar – was war die Todesursache?

48. Ingolf Lück, damals Moderator der TV-Show „Formel eins", prägte den Spruch: „Keine singt geiler als die ..."

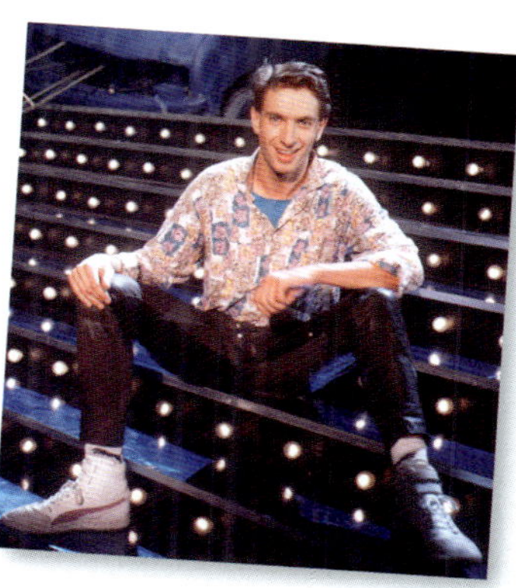

49. Welche Sängerin heiratete an ihrem 27. Geburtstag, dem 16. August 1985, den Hollywood-Star Sean Penn?

50. Welcher höchst erfolgreiche US-Rocksänger trug den von einem seiner großen Hits inspirierten Beinamen „Piano Man"?

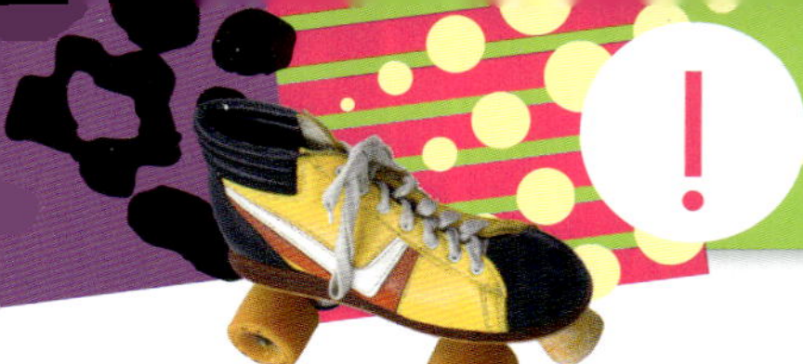

Die richtige Antwort

46. John Lennon wurde von einem psychisch kranken Mann erschossen.

47. Eine Krebserkrankung

48. „... Tyler!" Gemeint war die englische Sängerin Bonnie Tyler.

49. Madonna

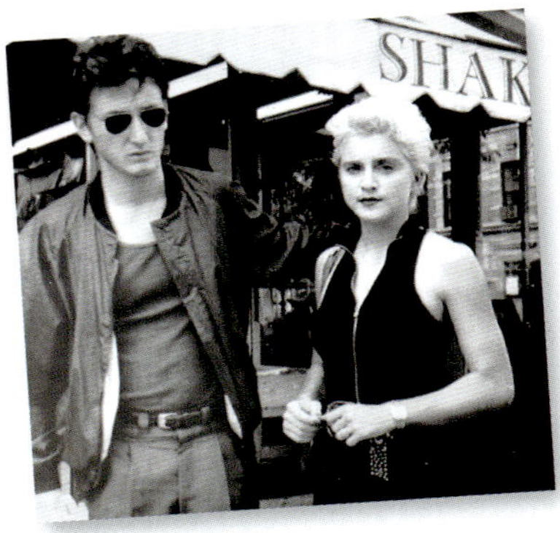

50. Billy Joel

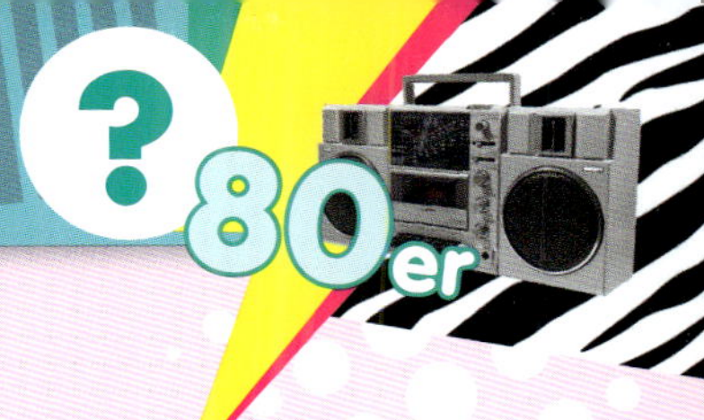

Charts-Thriller

Die Songs bleiben: Noch Jahrzehnte später beamen uns die Melodien, die Slogans und die Riffs der großen Hits in Sekundenschnelle zurück in die Zeit, als sie die Charts anführten und aus dem Radio nicht wegzudenken waren. Letzteres gilt übrigens bis heute ...

1. Welcher afroamerikanischen Sängerin gelang 1984 mit dem Welthit „What´s Love Got To Do With It" der Aufstieg zum Superstar?

2. „Saving All My Love For You" war 1978 ein kleiner Hit für das Duo Marilyn Mc-Coo und Billy Davis Jr. 1986 aber machte eine junge US-Sängerin die Ballade zum Popklassiker – ihr Name?

3. Als er 1984 bei stürmischer See auf einer Fähre den englischen Kanal überquerte, hatte der Songwriter Liam Sternberg die Idee zu dem Titel „Walk Like An Egyptian" – welche kalifornische Mädchenband landete drei Jahre später mit dem Song einen Welthit?

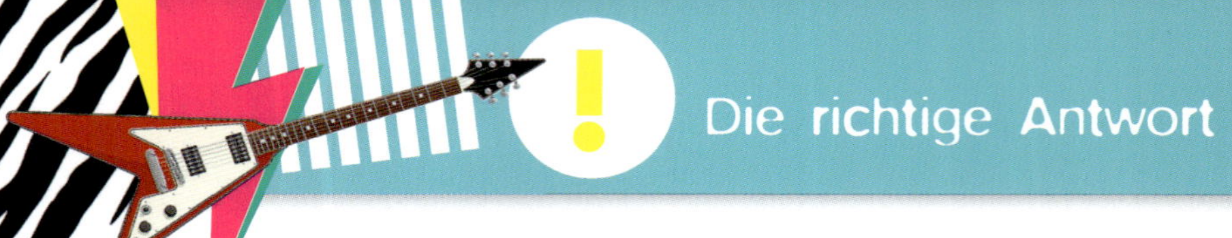

Die richtige Antwort

1. Tina Turner
2. Whitney Houston
3. The Bangles

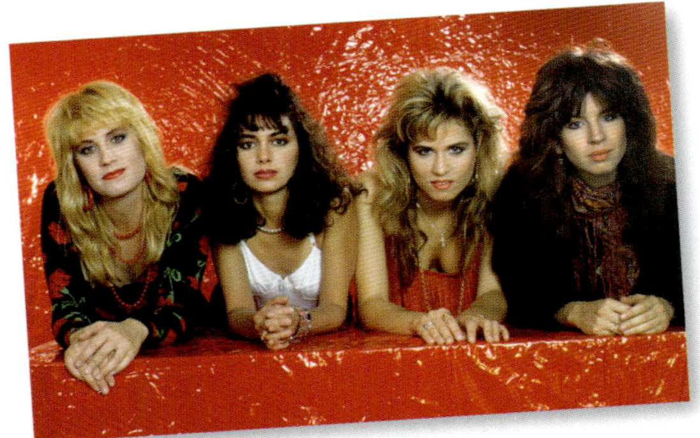

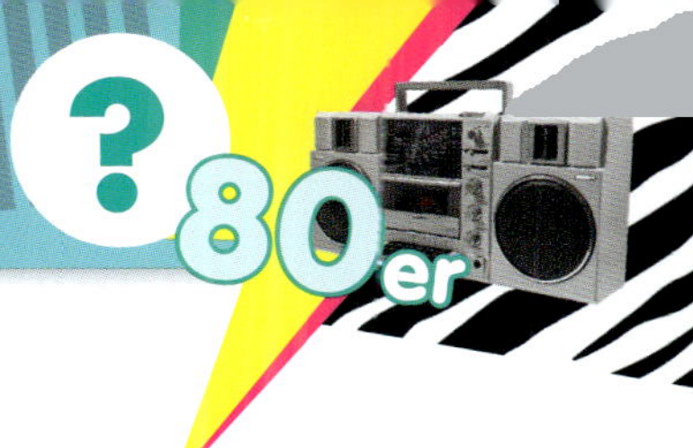

4. 1980 gelang Barbra Streisand mit „Woman In Love" ihre erste Nummer eins in Deutschland. Komponiert hatten den Song zwei Mitglieder eines berühmten Brüder-Trios – welches ist gemeint?

5. Bei welchem Dire-Straits-Hit sang Sting die einleitende Zeile „I want my MTV"?

6. „Venus" hatte es in der Version der holländischen Band Shocking Blue schon 1969 in die internationalen Charts geschafft. Welche englische Mädchenband machte den Song 1986 erneut zum Welthit?

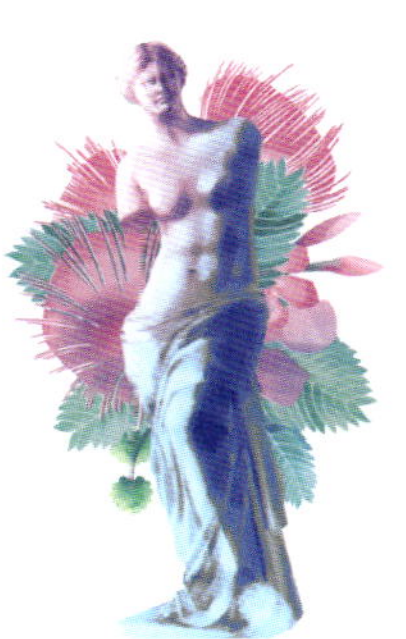

7. Mit „Time After Time" und „True Colours" schuf Cyndi Lauper echte Popklassiker – eine Mädchenhymne aber wurde 1983 zu ihrem größten Hit. Wie hieß der Song?

8. Gleich zu Beginn des Jahrzehnts, im Februar 1980, kletterten Queen zum ersten Mal an die Spitze der US-Singlecharts. Der Song war ein Ausflug ins Rockabilly-Fach – wie hieß er?

4. Bee Gees

5. „Money For Nothing"

6. Bananarama

7. „Girls Just Want To Have Fun"

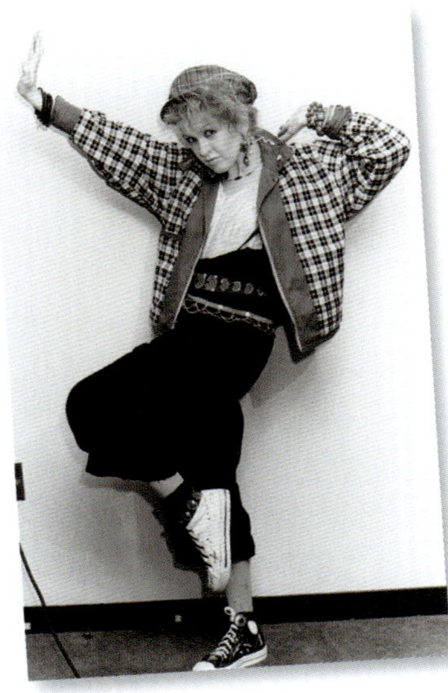

8. „Crazy Little Thing Called Love"

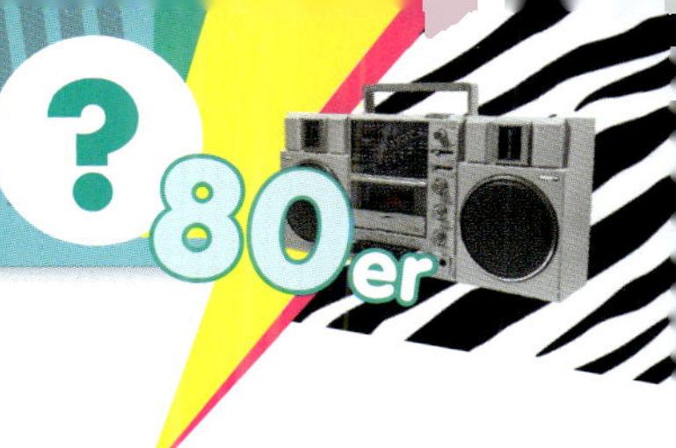

9. 1982 sahnten Paul McCartney und Stevie Wonder in den Charts mit einem Lied für die Verständigung zwischen Schwarz und Weiß ab – wie hieß der Titel ihres Welthits?

10. Stevie Wonder hatte als Solist in den 80ern Riesenhits. Der größte landete in 19 (!) Ländern auf Platz eins und drehte sich um einen Telefonanruf – wie hieß der Song?

11. Der Filmsong aus „An Officer and a Gentleman" wurde von Jennifer Warnes und Joe Cocker gesungen und mit einem Oscar ausgezeichnet. Wie hieß der Megahit?

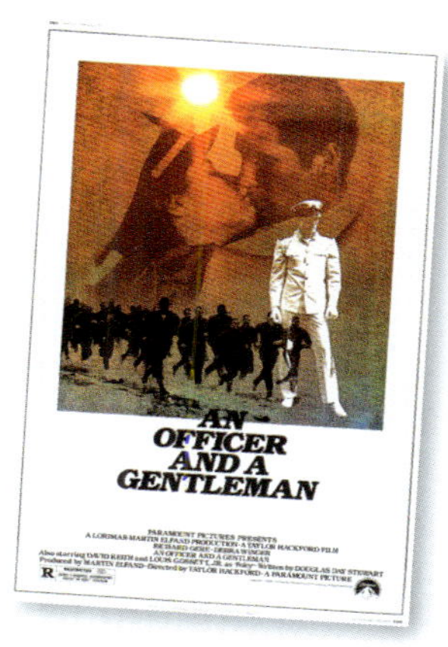

12. 1985 wollten Foreigner wissen, was Liebe ist – wie hieß die Ballade, die zu ihrem größten Hit wurde?

13. Wer war die US-Rockband, die sich anlässlich ihrer 1983er-Single „Lick It Up" erstmals öffentlich ohne ihre obligatorische Maskerade zeigte?

9. „Ebony And Ivory"

10. „I Just Called To Say I Love You"

11. „Up Where We Belong"

12. „I Want To Know What Love Is"

13. KISS

HITS, HITS, HITS

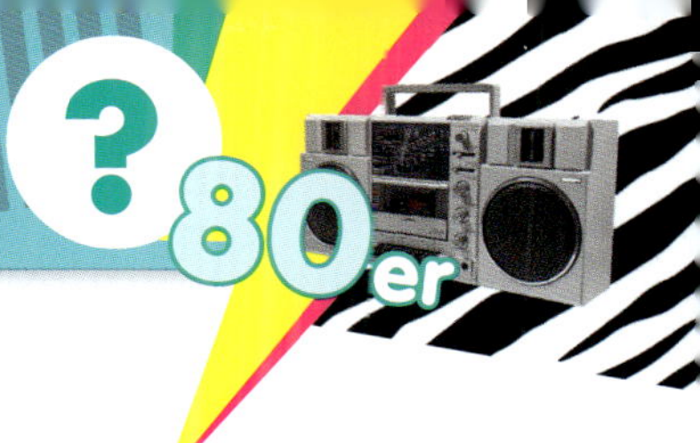

14. „Free Fallin´" hieß der erfolgreichste Song eines blonden US-Rockers – sein Name?

15. Mit „Should I Stay Or Should I Go" landete eine UK-Punkband 1982 ihren letzten großen Hit – wie hieß die Gruppe?

16. „I Love Rock´n´Roll" stammte ursprünglich von der englischen Band The Arrows – welche US-Sängerin schaffte 1982 mit ihrer Coverversion einen Welthit?

17. Wie hieß das schwedische Popduo, das 1987 mit „It Must Have Been Love" seine Hitpremiere feierte?

18. Mit „People Are People" gelang den Synthie-Poppern aus England 1984 ihr einziger Nr.-1-Hit in der Bundesrepublik – wie heißt die bis heute aktive Gruppe?

19. „Kids In America" hieß 1981 der erste von insgesamt acht deutschen Top-Ten-Hits, mit dem eine Blondine aus England ihre Karriere startete – ihr Name?

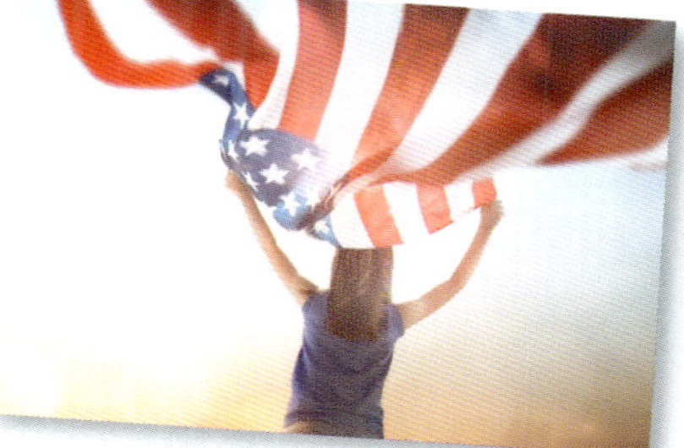

14. Tom Petty

15. The Clash

16. Joan Jett

17. Roxette

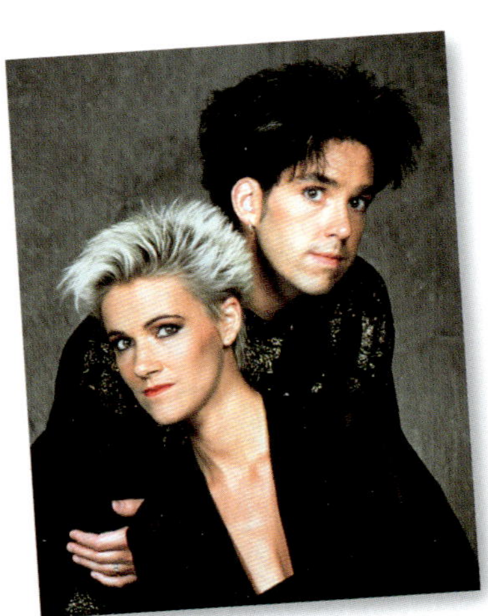

18. Depeche Mode

19. Kim Wilde

20. Nach zehn Jahren im Business schaffte der Rockabilly-Fan 1981 mit „This Ole House" und „You Drive Me Crazy" den Durchbruch – wie hieß der Sänger?

21. Die englischen Teeniestars Kajagoogoo räumten 1983 mit ihrem Monsterhit „Too Shy" ab – wie hieß ihr blondierter Leadsänger?

22. Kurios: Im Juli 1986 stürzte Peter Gabriel mit „Sledgehammer" die Nr.-1-Single „Invisible Touch" seiner ehemaligen Kollegen vom Thron des US-Charts – wie hieß seine Ex-Band?

23. Mit der Ballade „Midnight Lady" gelang Chris Norman 1986 einer der Hits des Jahres – mit welcher Band war Norman bekannt geworden?

24. Und wie hieß der bundesdeutsche „Pop-Titan", der den Song geschrieben hat?

20. Shakin´ Stevens

21. Limahl

22. Genesis

23. Smokie

24. Dieter Bohlen

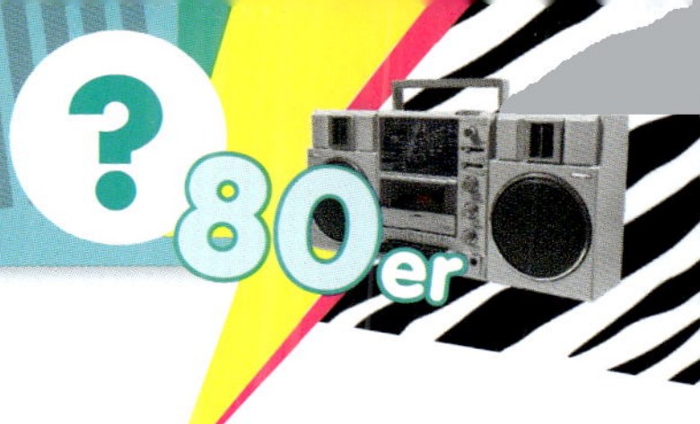

25. Sechs Wochen lang belegte der Popschunkler „Live Is Life" im Frühling 1985 Platz eins der deutschen Charts – welche österreichische Band war dafür verantwortlich?

26. Im Sommer desselben Jahres brachten mit Mick Jagger und David Bowie zwei Superstars ein Duett in die Charts – wie hieß der Titel, den einst Martha & The Vandellas berühmt gemacht hatten?

27. „Juliet" war 1983 der Erfolgstitel eines Sängers, der gewöhnlich nur gemeinsam mit seinen Brüdern Barry und Maurice Musik machte – sein Name?

28. Welcher US-Musiker ließ Möwen weinen und schaffte es so auf Platz eins der US-Charts?

29. Zu Beginn des Jahrzehnts landete das New Yorker Rap-Trio Sugarhill Gang den ersten großen Hip-Hop-Hit – wie hieß der Song über die „Lust des Rappers"?

30. 1983 empfahl eine neue Popband aus Liverpool: „Relax". Ihr von Frank Sinatra inspirierter Name?

25. Opus

26. „Dancing In The Street"

27. Robin Gibb

28. Prince

29. „Rapper´s Delight"

30. Frankie Goes To Hollywood

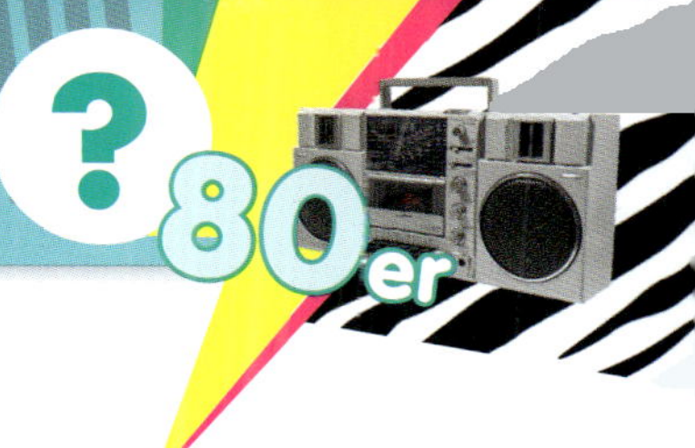

31. Mit welchem Song schaffte Bruce Springsteen 1984 seinen internationalen Durchbruch?

32. Welches deutsche Pop-Duo startete 1984 mit „You´re In My Heart, You´re In My Soul" seine Karriere?

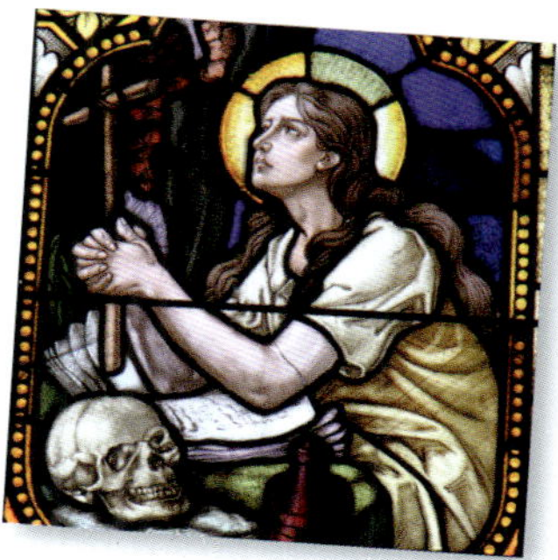

33. Ihren Hit-Einstand feierte die spätere Ehefrau von Produzent Michael Cretu 1985 mit „Maria Magdalena" – wie lautete ihr Künstlername?

34. Wie hieß der nach „Do You Really Want To Hurt Me" zweite große Hit von Culture Club?

35. 1986 traten die englischen Boogierocker Status Quo in die Armee ein – wie hieß der dazugehörige Nr.-1-Hit?

36. 1985 gelang der britischen Rockband Marillion ihr größter Hit – der Song handelt von einem Mädchen namens ...

31. „Born In The U.S.A."

32. Modern Talking

33. Sandra

34. „Karma Chameleon"

35. „In The Army Now"

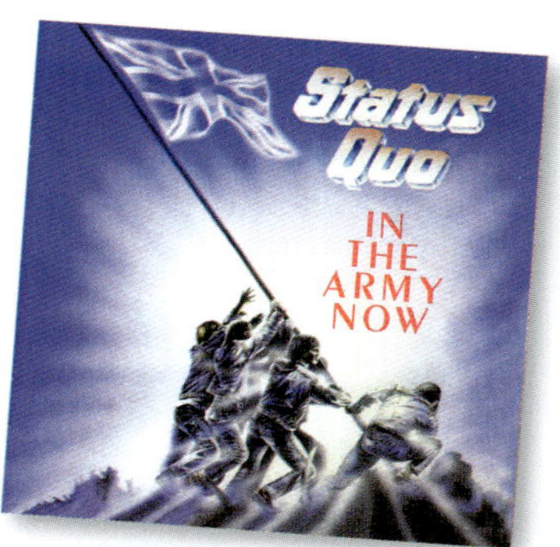

36. „Kayleigh"

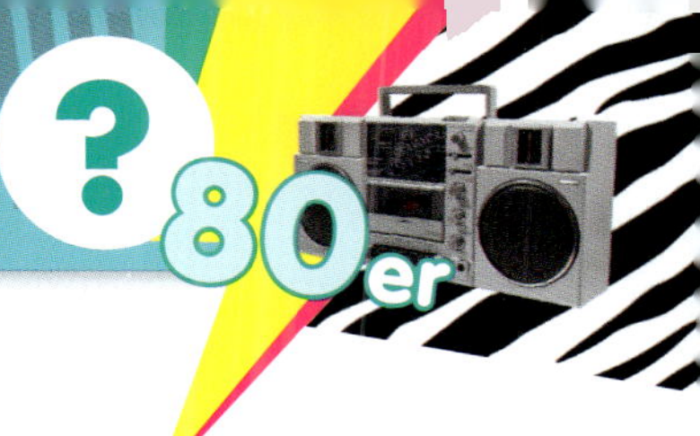

37. Der US-Jazzsänger Bobby McFerrin machte den Deutschen 1988 mit einer a-capella-Nummer gute Laune – wie hieß der Song?

38. Im selben Jahr wurde in den bundesdeutschen Singlecharts mit „You Got It (The Right Stuff)" zum ersten Mal eine später megaerfolgreiche US-Boygroup notiert – ihr Name?

39. Die New Yorker Rocksängerin Pat Benatar betrachtete die Liebe als Schlachtfeld – wie hieß ihr Song?

40. Mit elf (!) Wochen an der Spitze der deutschen Singlecharts entpuppte sich das Lied des französisch-tunesischen Sängers F. R. David als einer der hartnäckigsten Ohrwürmer der Dekade – sein Titel?

41. Mit „Vienna", „Hymn" und „Dancing With Tears In My Eyes" lieferte die englische Band um den Sänger Midge Ure einige der größten Hits der 80er – wie hieß die Gruppe?

42. Welcher englische Rocksänger schaffte es 1983 mit „Baby Jane" für drei Wochen auf Platz eins der bundesdeutschen Singlecharts?

37. „Don´t Worry, Be Happy"

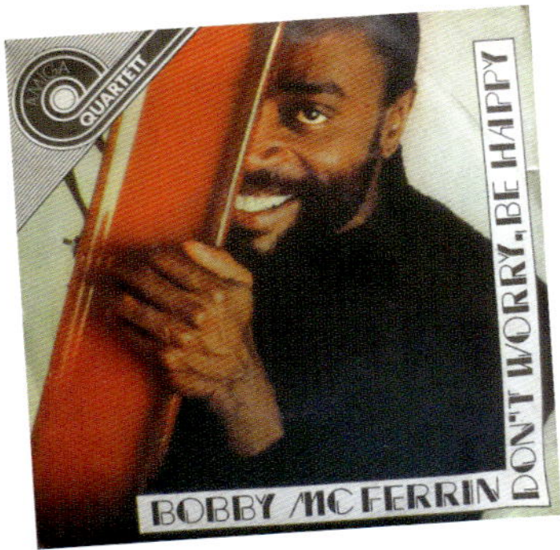

38. New Kids on the Block

39. „Love Is A Battlefield"

40. „Words"

41. Ultravox

42. Rod Stewart

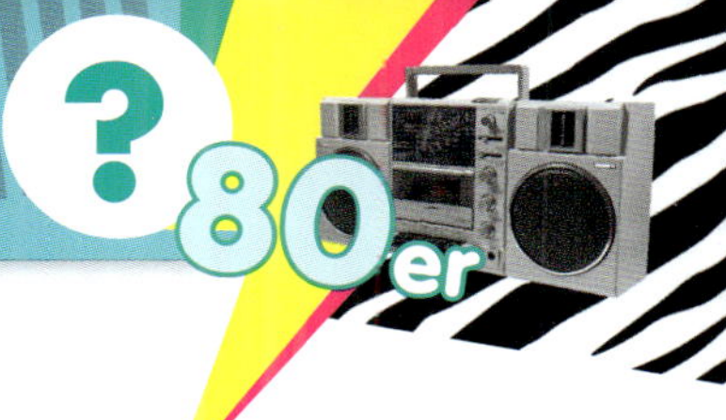

43. Fans verballhornten Eddy Grants Titel gerne zu „Gimme Dope, Johanna!" – wie hieß der Song tatsächlich?

44. 1988 schlug ihre Debütsingle „Girl You Know It´s True" wie die sprichwörtliche Bombe in den Charts ein, später verursachten sie einen der größten Skandale der Popgeschichte. Wie hieß das deutsche Pop-Duo?

45. „One Moment In Time" war nicht nur der Song zur Sommer-Olympiade 1988 in Seoul, er war auch einer der größten Hits von...

46. 1987 wurde „First Time" für eine Coca-Cola-Werbung verwendet – ein Jahr später war der Song durch den Clip zum Welthit geworden. Wer war die Interpretin?

47. „Come Dancing" war 1982 einer der letzten großen Hits einer englischen Band, die schon in den 1960ern mit „You Really Got Me" und „Lola" abgeräumt hatte – ihr Name?

48. Sie wollten „Big In Japan" werden – tatsächlich chartete der Song dort nicht, wohl aber in fast allen europäischen Ländern. Wie hieß das Synthiepop-Trio aus dem westfälischen Münster?

43. „Gimme Hope, Jo´Anna"

44. Milli Vanilli

45. Whitney Houston

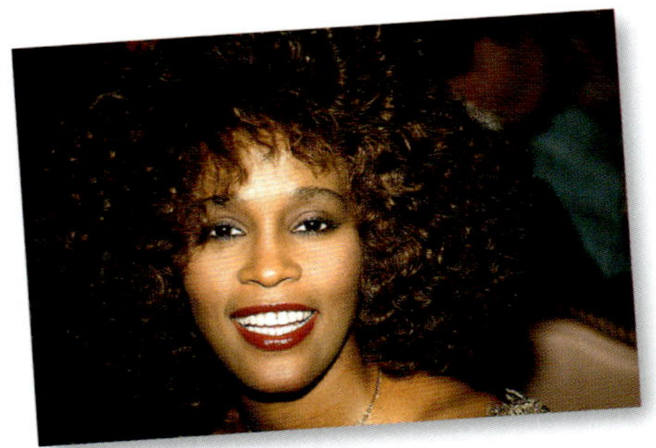

46. Robin Beck

47. The Kinks

48. Alphaville

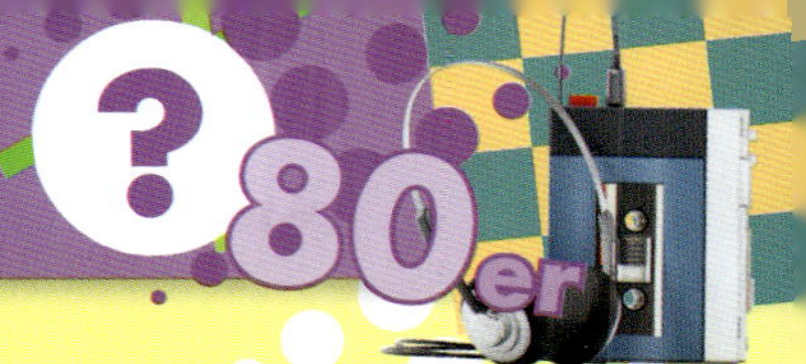

Dauerbrenner aus Vinyl

Es war die Ära der Alben, und einige von ihnen fanden sich in fast jedem Haushalt. Bis heute gehören die Megaalben der 80er zu den meistverkauften Platten aller Zeiten. Ihre Interpreten wurden zu Superstars und hießen zum Beispiel Michael Jackson, Whitney Houston, Bruce Springsteen und Madonna ...

1. Welcher Rockstar ließ für ein Albumcover seine Kehrseite vor der US-Flagge fotografieren?

2. Welcher Hit war nicht auf dem Erfolgsalbum „Born In The U.S.A."?
„Hungry Heart" / „I´m On Fire" / „Glory Days"

3. Mit welchem Album stiegen U2 1987 zu Superstars auf?

4. Wie viele Wochen thronte Pink Floyds Megaseller „The Wall" zu Beginn des Jahres 1980 auf Platz eins der deutschen Albumcharts?
5 / 11 / 17

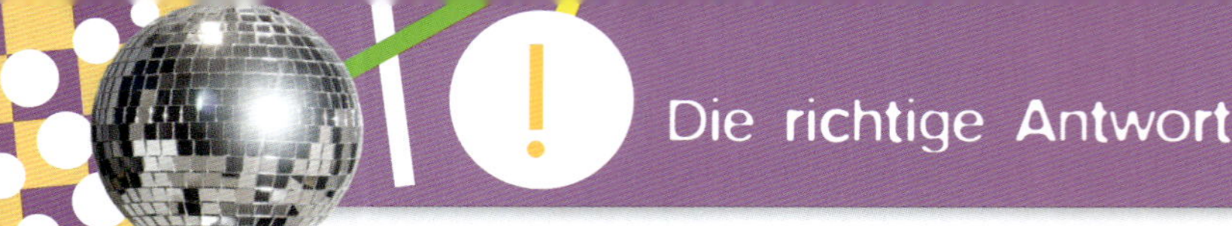

1. Bruce Springsteen

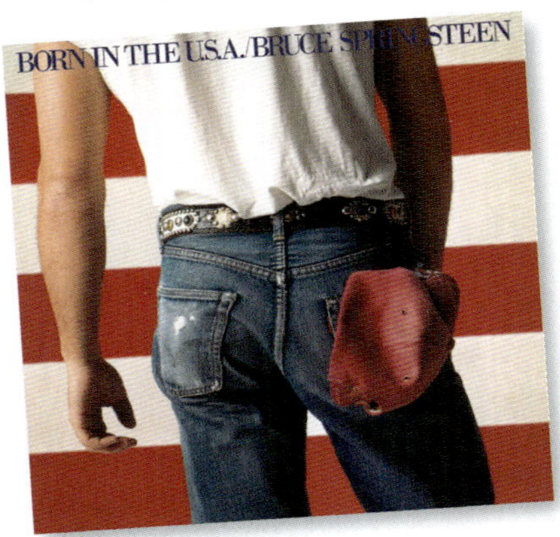

2. „Hungry Heart“

3. „The Joshua Tree“

4. 17

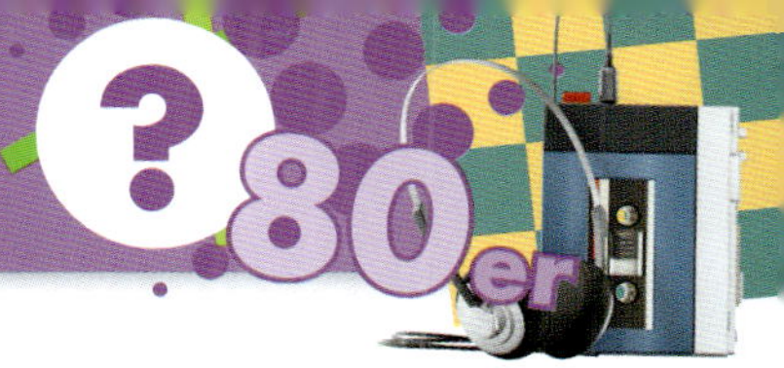

5. „Tief im Westen, wo die Sonne verstaubt ..."
Auf welchem Erfolgsalbum von Herbert Grönemeyer sind diese Zeilen zu hören?

6. Auf welchem Albumcover hängt eine Metallgitarre im Himmel?

7. Mit welchem Album starteten AC/DC nach dem Tod ihres Sängers Bon Scott neu durch?

8. Mit welchem Tier ließ sich Tina Turner auf ihrem Erfolgsalbum „Private Dancer" ablichten?

9. Der US-Singer-Songwriter Paul Simon veröffentlichte 1986 ein Album, dessen Titel auf das legendäre Anwesen von Elvis Presley anspielt – wie hieß es?

10. Welcher deutschen Rockband gelang im Sommer 1982 das einmalige Kunststück, mit zwei Alben vier Wochen lang Platz eins und zwei der einheimischen Albumcharts zu blockieren?

5. „4630 Bochum"

6. „Brothers In Arms" / Dire Straits

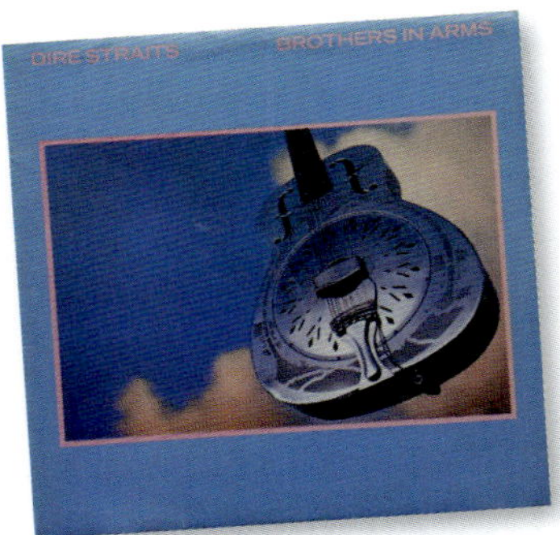

7. „Back In Black"

8. Mit einer schwarzen Katze

9. „Graceland"

10. BAP

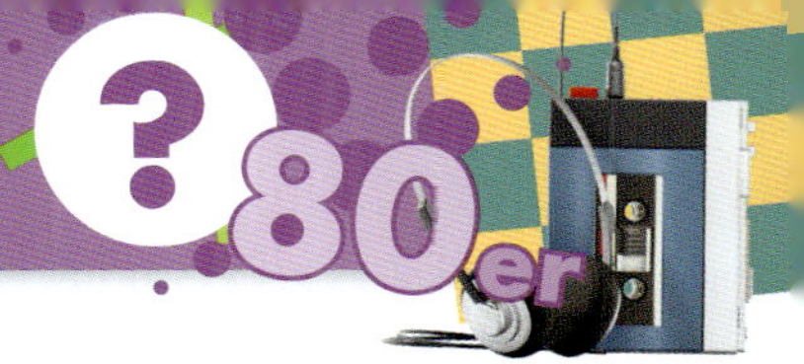

11. Wie heißt das 1982 erschienene erfolgreichste Album der Popgeschichte?

12. Welcher US-Star gewann 1984 für dieses Album acht Grammys und stellte damit einen Rekord auf, den erst im Jahr 2000 Carlos Santana mit „Supernatural" toppte?

13. Welcher Hit war nicht auf diesem Album? „Beat It" / „Billy Jean" / „Dirty Diana"

14. Wie hieß das andere, kaum weniger erfolgreiche Studioalbum, das dieser Superstar in den 80ern veröffentlichte?

15. Welcher Woodstock-Legende gelang 1984 mit dem Album „Civilized Man" und dem gleichnamigen Singlehit ein großartiges Comeback?

16. Das erfolgreichste Soundtrack-Album der 80er Jahre gehörte zu einem Tanzfilm – zu welchem?

11. „Thriller"

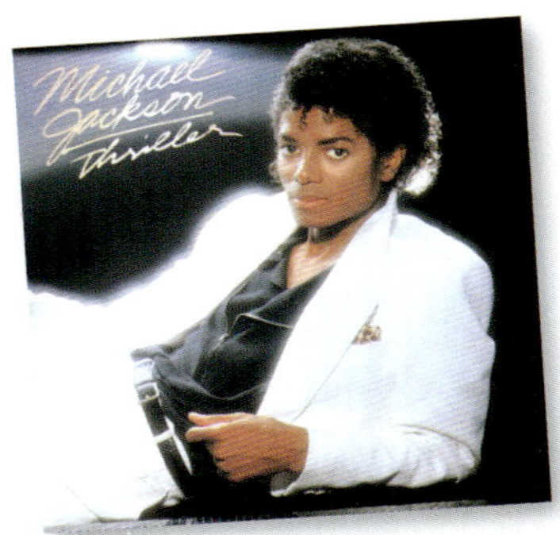

12. Michael Jackson

13. „Dirty Diana"

14. „Bad"

15. Joe Cocker

16. „Dirty Dancing"

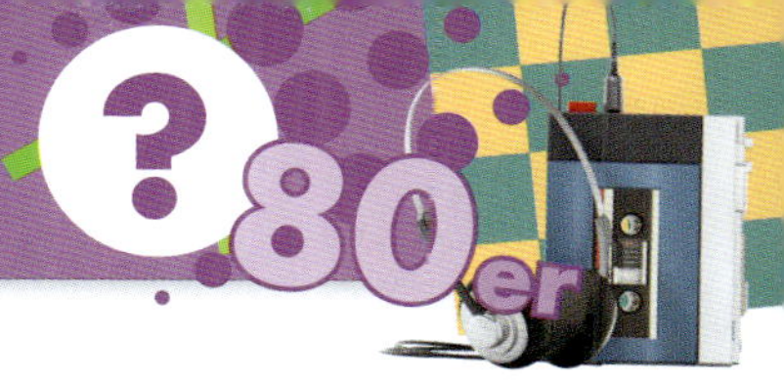

17. The Police hielten das Cover ihres Hitalbums „Regatta de Blanc" ganz in metallisch-kühlem Blau. Wie hieß der Sänger der Band?

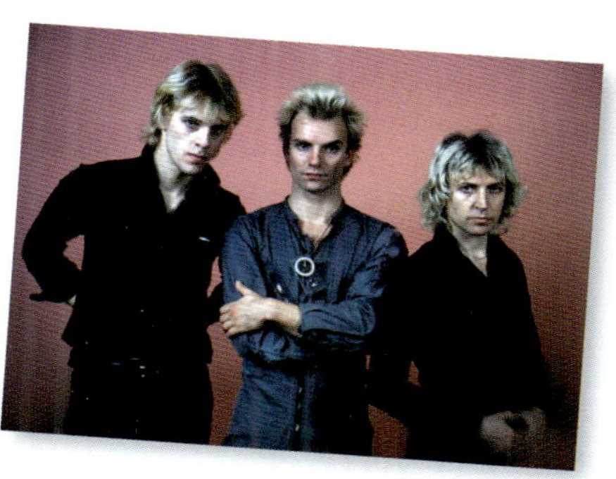

18. 1982 veröffentlichten sie das Doppelalbum „The Singles – The First Ten Years" und trennten sich dann. Von welcher Erfolgsgruppe mussten wir uns verabschieden?

19. Auf welchem Supertramp-Album findet sich deren größter Hit „It´s Raining Again"?

20. Auf welchem Albumcover ließ sich Prince nackt abbilden?

21. Mit Hits wie dem Titeltrack „I Want Your Sex" und „Father Figure" wurde „Faith" zu einem der erfolgreichsten Debütalben aller Zeiten – welches ehemalige Teenidol steckte dahinter?

17. Sting

18. ABBA

19. „… Famous Last Words …"

20. „Lovesexy"

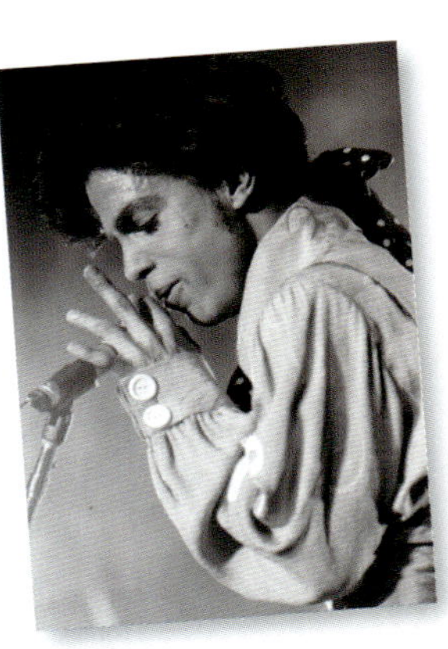

21. George Michael

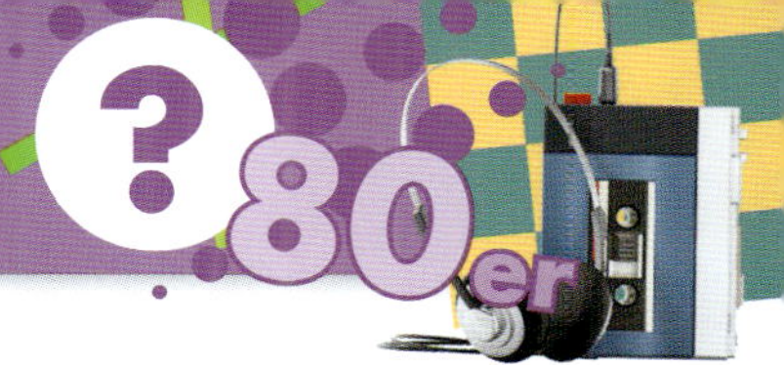

22. Eines der auffälligsten Plattencover der Dekade war „London Calling", das zeigte, wie The-Clash-Bassist Paul Simonon auf der Bühne seinen Bass zerschlug. Von wem ließ sich die englische Punkband zu diesem Artwork inspirieren?

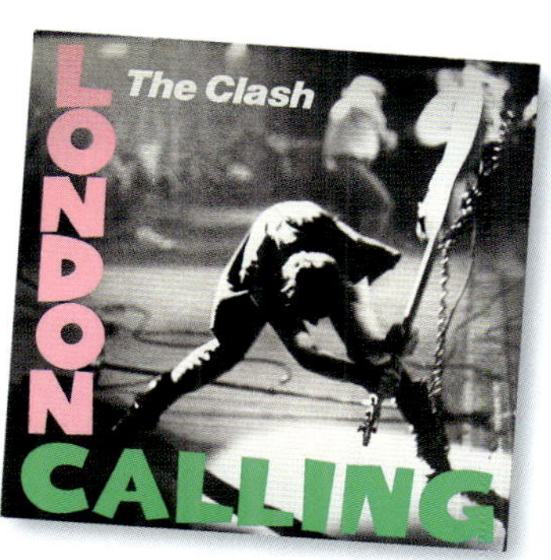

23. Welche fünf Rocklegenden taten sich 1988 für das Allstar-Projekt Traveling Wilburys zusammen?

24. Welcher Hit war auf dem ZZ Top-Album „Eliminator" zu hören?
„Sleeping Bag" / „Sharp Dressed Man" / „Gimme All Your Lovin"

25. Welche US-Rockband ließ sich auf dem Cover ihres Debütalbums „Appetite For Destruction" als Totenköpfe stilisieren?

26. Auf welchem Album veröffentlichte Tom Petty mit „Free Fallin'" seinen bekanntesten Song?

22. Von Elvis Presley und dessen Debütalbum

23. Bob Dylan, George Harrison, Jeff Lynne, Roy Orbison und Tom Petty

24. „Sharp Dressed Man"

25. Guns N´ Roses

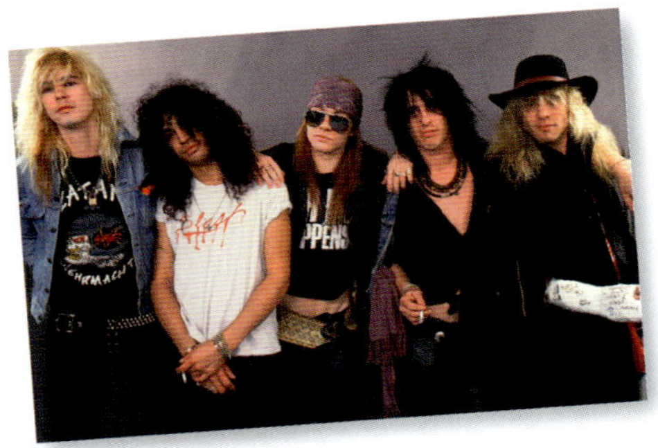

26. „Full Moon Fever"

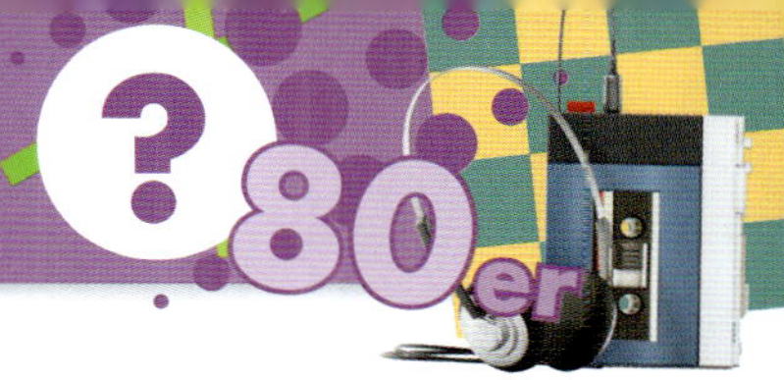

27. Wie hieß der Evergreen von Bryan Adams´ Album „Reckless", der in den Charts zwar kaum für Aufregung sorgte, dafür bis heute aber auf jeder Party gespielt wird?

28. Welche Londoner Rockband brachte 1981 mit ihrer „Greatest Hits"-Sammlung das bestverkaufte Album aller Zeiten im Vereinigten Königreich heraus?

29. Welcher US-Band gelang es 1987, mit „Licensed To Ill" das erste Rap-Album an die Spitze der US-Charts zu bringen?
Beastie Boys / Public Enemy /
Grandmaster Flash & The Furious Five

30. Das bestverkaufte Rockalbum 1981 hieß „Hi Infidelity" und lieferte die Singlehits „Keep On Loving You" und „Take It On The Run" – wie hieß die dafür verantwortliche Band?

31. Welche Single von Madonnas Megaseller-Album „True Blue" schaffte es in den USA nicht auf Platz eins?
„La Isla Bonita" / „Live To Tell" / „Papa Don't Preach"

32. Welcher US-Rocksänger rannte mit seinem erfolgreichsten Album „gegen den Wind"?

27. „Summer of '69"

28. Queen

29. Beastie Boys

30. REO Speedwagon

31. „La Isla Bonita"

32. Bob Seger

Eintags-fliegen

Sie selbst waren zumeist schnell wieder vergessen, ihre Songs aber blieben: Auch in den 80ern tauchten immer wieder Musiker und Musikerinnen im Rampenlicht auf, die ein einziges Mal im ganz großen Stil abräumten – und danach nie wieder an ihren Erfolg anknüpfen konnten.

1. 1981 wurde Kim Carnes mit einem Song über die Augen einer legendären Hollywood-Diva berühmt – wie hieß der Hit?

2. „Brand New Toy" von den Jeremy Days war einer der Radiohits des Jahres 1989 – aus welcher deutschen Hansestadt kam die Band?

3. Bei uns schafften sie mit „Caravan Of Love" ihren einzigen Hit – wie hieß die englische Indie-Popband, die sich nach der Mehlschwalbe benannte?

4. „Hey, Little Girl" von Icehouse war 1982 nicht zu überhören – von welchem Erdteil stammte die Band?

Die richtige Antwort

1. „Bette Davis Eyes"

2. Hamburg

3. The Housemartins

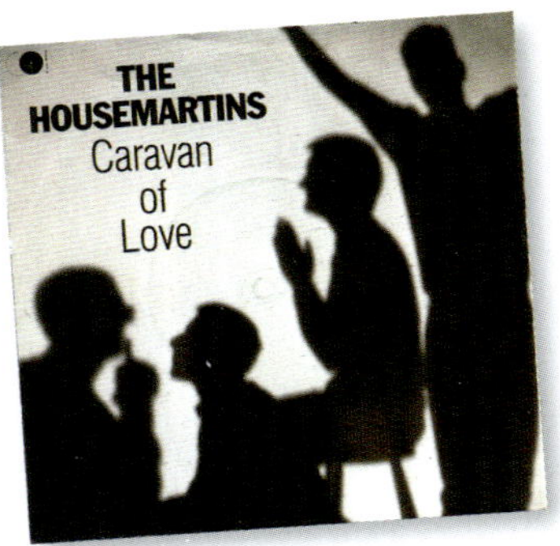

4. Australien

5. Mit einer elegischen Ballade gelang The Cars 1984 der Durchbruch – wie hieß der Song, in dem der Sänger fragt: „Who´s gonna drive you home tonight?"

6. Wer war noch gleich Murray Head? Egal, an seinen Song über eine Nacht in Bangkok aber kann sich jeder erinnern – der Titel?

7. Ein Film über den Vietnamkrieg hatte Paul Hardcastle zu einem Song inspiriert, dessen Titel das Durchschnittsalter der dort gestorbenen Soldaten nannte. Der Titel: „19" / „20" / „21"?

8. Hinter dem Nr.-1-Hit „Geil" steckten zwei britische Soldaten, die besonderen Gefallen an diesem deutschem Wort gefunden hatten. Wie nannten sich die beiden?

9. In Deutschland wurde „Flashdance ... What A Feeling" zum einzigen Hit von Irene Cara. Wie hieß der Film, aus dem der Song stammte?

5. „Drive"

6. „One Night In Bangkok"

7. „19"

8. Bruce & Bongo

9. „Flashdance"

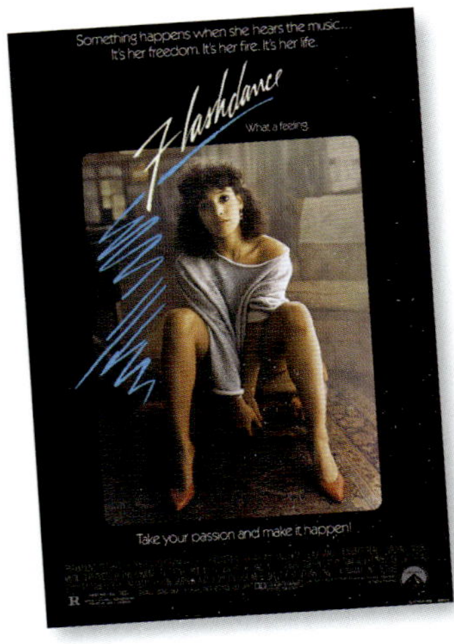

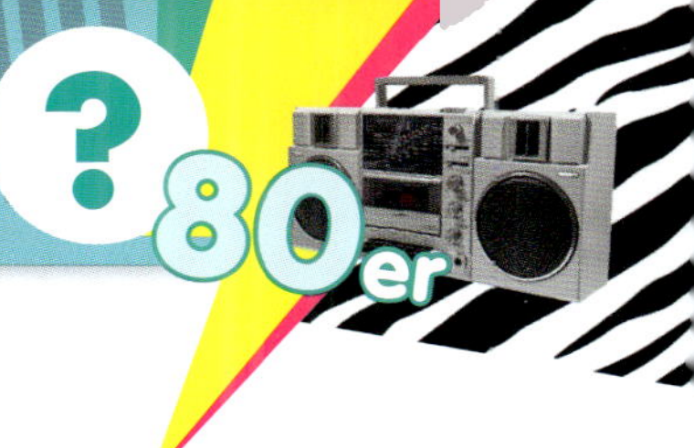

10. „Blueprint“ war 1987 einer der Überraschungserfolge der Saison. Wie hieß die Berliner Band um die Sängerin Katharina Franck?

11. Ein klassisches One-Hit-Wonder war auch Howard Jones – wie hieß sein 1984er-Hit?

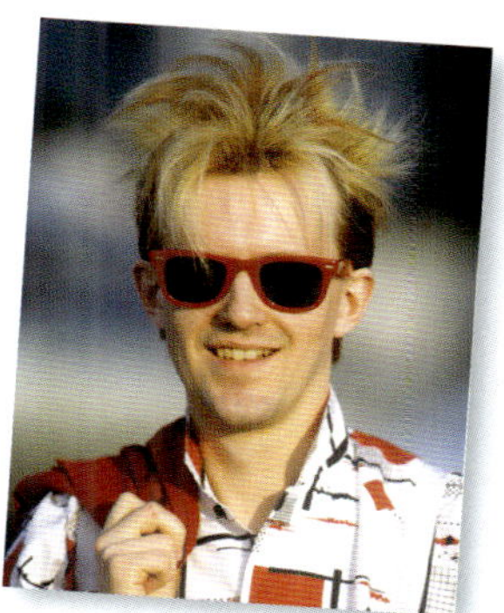

12. Dasselbe gilt auch für Colin Vearncombe und „Wonderful Life“. Welchen Künstlernamen benutzte der immer in Schwarz gekleidete Sänger?

13. Als 15-Jährige gelang ihr mit „Joe le taxi“ ein Riesenhit – wie hieß die zierliche Französin, die später zwei Kinder von Johnny Depp bekam?

14. Mit „Etienne“ und einem gewagten Videoclip glückte einer weiteren Französin 1987 ein Top-Ten-Hit in Deutschland – wie ist ihr Name?

10. Rainbirds

11. „What Is Love?"

12. Black

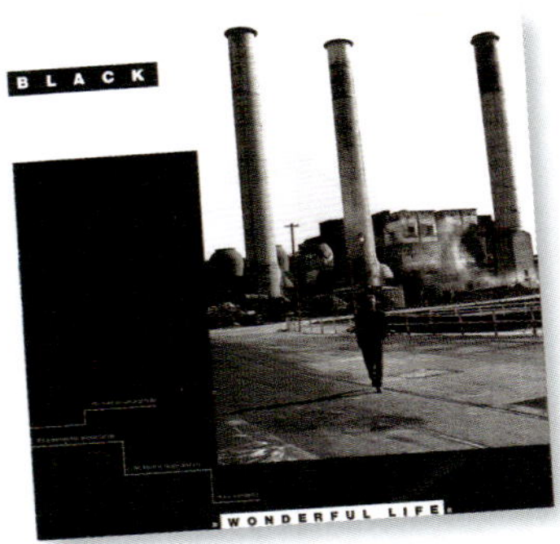

13. Vanessa Paradis

14. Guesch Patti

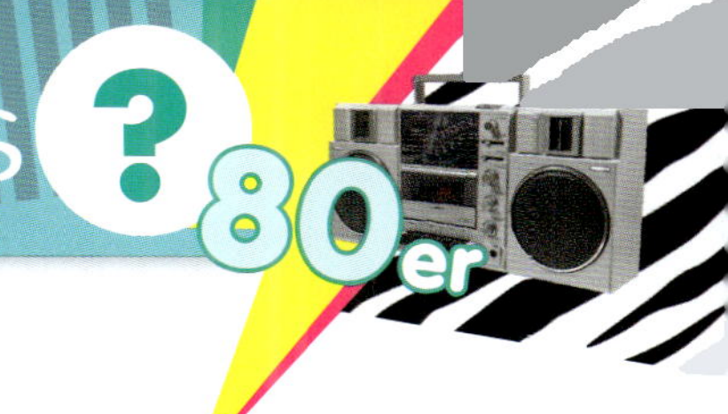

15. Terence Trent D´Arby landete seinen größten Hit mit „Sign Your Name". Welche Nationalität hatte der farbige Rastalockenträger, der in der gleichen deutschen Militär-Einheit gedient hatte wie Elvis Presley?

16. Ebenfalls nur ein einziges Mal schaffte es der US-Amerikaner Stan Ridgway in die Singlecharts. Sein Titel bedeutet auf Deutsch „Tarnung". Wie heißt der Song?

17. Mit „Ride On Time" gaben Black Box 1989 den Startschuss für einen House/Eurodance-Boom in den Charts. Die Gruppe kam aus einem eigentlich für sentimentale Canzoni bekannten Land zu uns – welches ist gemeint?

18. In Monte Carlo war dagegen die leibhaftige Prinzessin zuhause, der 1986 mit „Irresistable" ihr einziger Hit glückte. Wer ist gemeint?

19. Einmal und nie wieder landete auch der US-Sänger Michael Sembello in den Charts. Wie hieß sein Volltreffer aus dem Film „Flashdance"?

15. US-Amerikaner

16. „Camouflage"

17. Italien

18. Stephanie Grimaldi, Prinzessin von Monaco

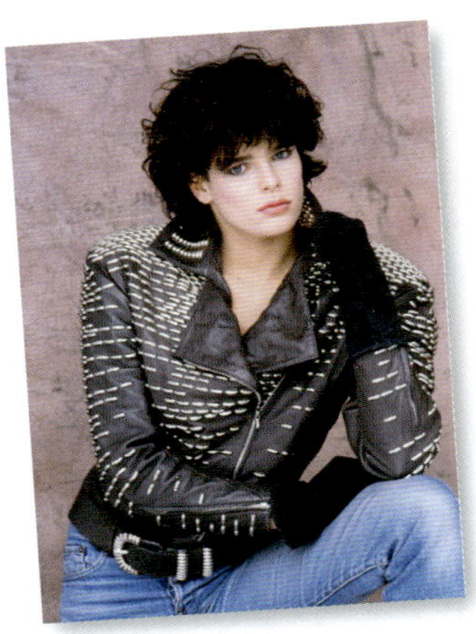

19. „Maniac"

20. Im Sommer 1983 tanzten die Deutschen den „Sicherheitstanz" – wie hieß die kanadische Band mit dem sonderbaren Namen, die hinter „The Safety Dance" steckte?

21. Während die einen keine Hüte trugen, waren die anderen bei der Arbeit: Wie hieß die australische Gruppe, der 1981 mit „Down Under" ein Hit gelang?

22. „(I Just) Died In Your Arms" hieß der Hit einer britisch-kanadischen Band, die sich wie die Belegschaft eines Friseursalons nannte – nämlich ...
Director´s Cut / Razor´s Edge / Cutting Crew

23. One-Hit-Wonder John Parr („St. Elmo's Fire (Man In Motion)") schrieb auch Songs für den US-Rockstar, der mit dem Album „Bat Out Of Hell" berühmt geworden war. Sein Name?

24. Mit „Missing You" verdrängte John Waite 1984 „What's Love Got To With It" von der Spitze der US-Charts. Dessen Interpretin coverte später Waites Song – wie ist ihr Name?

20. Men Without Hats

21. Men At Work

22. Cutting Crew

23. Meat Loaf

24. Tina Turner

25. Ray Parker, Jr. verdankte seinen Hit einem SciFi/Fantasy-Kinoknüller, in dem es um Geisterjäger ging – der Song hieß wie der Film, nämlich ...

26. Auch Kenny Loggins brachte nur einen einzigen Song in die Top Ten. Wie hieß das Titellied des Tanzfilms von 1984? „Dirty Dancing" / „Footlose" / „Turkey Trot"

27. Der Engländer Kevin Rowland nannte seine Band Dexys Midnight Runners und räumte 1982 mit einem unvergesslichen New-Wave-Folkschunkler ab – wie hieß der Titel?

28. 1983 begründete der in Rom geborene Ryan Paris das Genre der „Italo Disco" mit einem Lied über das süße Leben – wie hieß der Song?

29. Die englische Band Visage startete 1982 mit „Fade To Grey" die New-Romantic-Bewegung – mit welcher Band landete Visage-Mitglied Midge Ure später weitere Hits?

30. „Walking On Sunshine" war der Sommerhit 1985 – wie hieß die Gruppe um die Sängerin Katrina Leskanich?

Die richtige Antwort

25. „Ghostbusters"

26. „Footloose"

27. „Come On Eileen"

28. „La Dolce Vita"

29. Ultravox

30. Katrina and the Waves

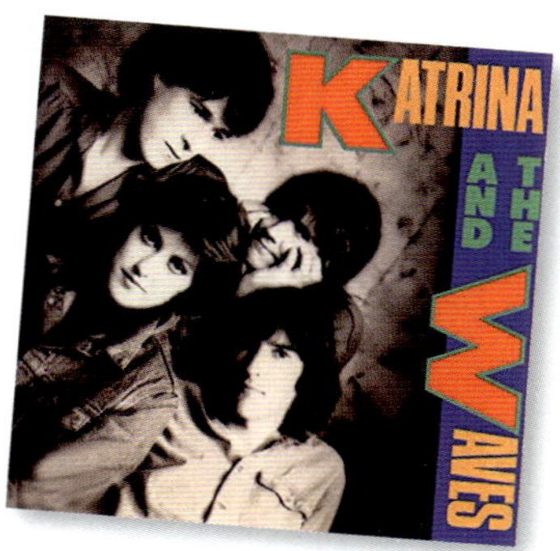

Kurioses für Kenner

Nirgendwo ist der Erfolg so wenig genormt wie im Popgeschäft – erlaubt ist, was gefällt und für Aufmerksamkeit sorgt. Außerdem: Wer es im Showbiz zu etwas gebracht hat, neigt gelegentlich zu sonderbaren Ideen. Die Chronik des Jahrzehnts gibt folglich auch Anlass zum Schmunzeln und Staunen …

1. Am 8. Oktober 1987 gab eine Rockband bekannt, dass sie bei der NASA Tickets für den ersten Passagierflug zum Mond gebucht habe. Wie heißt die Gruppe, die sich auch „Lil' ol' band from Texas" nennt?

2. Am 14. Februar 1984 heiratete die deutsche Toningenieurin Renate Blauel den „Rocketman" des Pop. Wer war's?

3. Immer wieder wird „We Built This City" in Umfragen zum schlechtesten Popsong aller Zeiten gekürt. Wie hieß die Band aus San Francisco, die den Song interpretierte?

4. 1987 ließ der DDR-Staatsratsvorsitzende Erich Honecker Udo Lindenberg ein Instrument überreichen – welches?

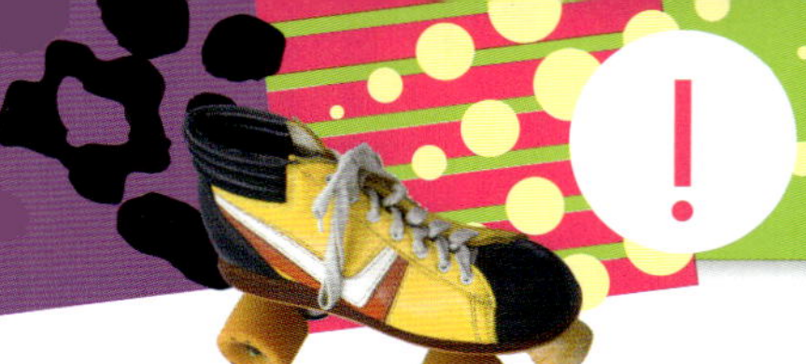

Die richtige Antwort

1. ZZ Top

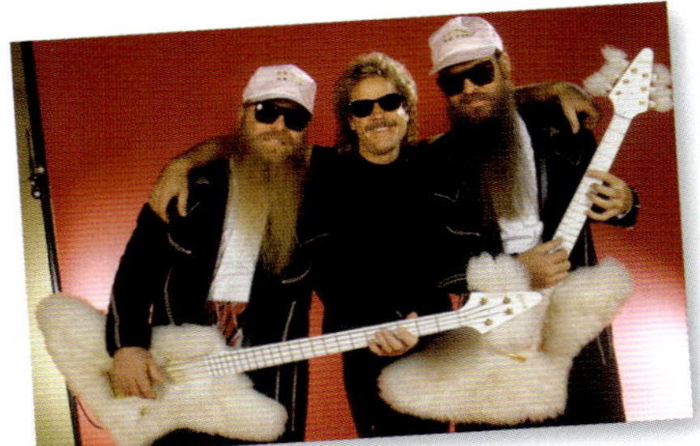

2. Elton John

3. Starship (ehemals Jefferson Starship, davor Jefferson Airplane)

4. Lindenberg bekam eine Schalmei, nachdem er Honecker zuvor eine E-Gitarre und eine Lederjacke geschickt hatte.

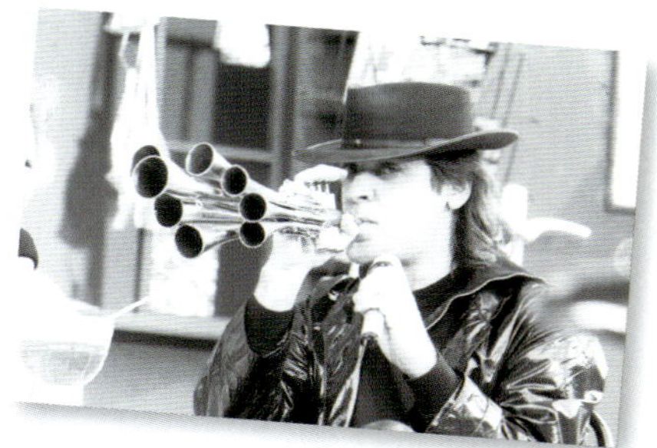

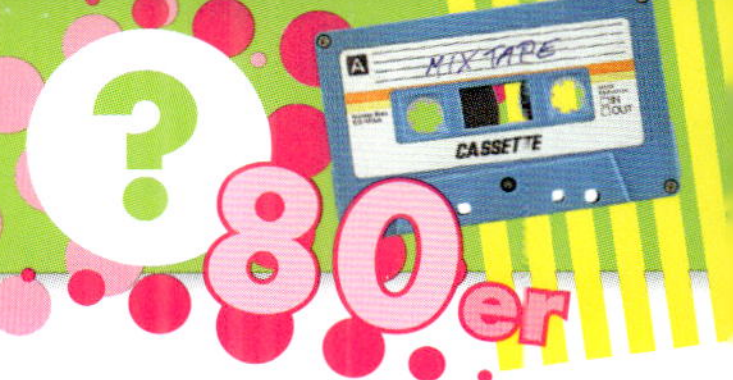

5. Welcher Singer-Songwriter, der mit „Heart Of Gold" berühmt geworden war, wurde von seiner Plattenfirma verklagt, da er ihrer Meinung nach in seiner Musik zu viel experimentiere?

6. 1980 kommentierte das englische Label Stiff Records die Wahl des neuen US-Präsidenten mit einer Langspielplatte voller Schweigen. Wie lautete der Titel vollständig: „The Wit And Wisdom Of ..." („Geist und Weisheit von ...")?

7. 1989 sorgte ein Open-Air-Konzert von Pink Floyd in Venedig für so viel Ärger, dass danach die gesamte Stadtregierung zurücktreten musste. Wie heißt der berühmte Platz, den die Band von einer Wasserbühne aus beschallte?

8. Bereits zwei Jahre zuvor hatten Pink Floyd für das Coverfoto eines neuen Albums 800 Feldbetten am Strand von Saunton Sands in der englischen Grafschaft Devon aufstellen lassen. Wie hieß das Album?

9. Wie hieß der Schimpanse, den Michael Jackson in seinem Privatzoo hielt?

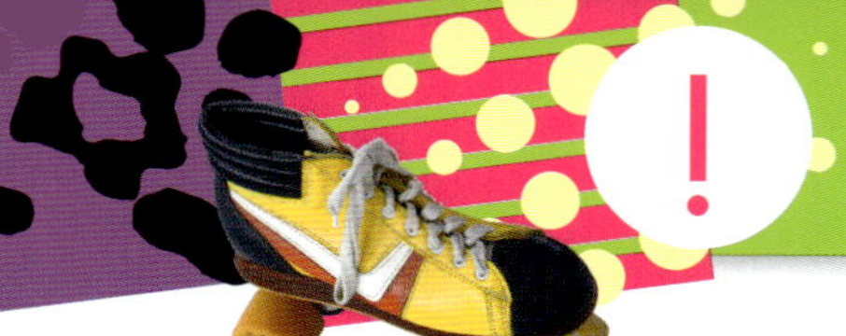

Die richtige Antwort

5. Neil Young. Die Klage von Geffen Records wurde übrigens abgewiesen.

6. Ronald Reagan (tatsächlich wurden 30.000 Exemplare des Albums verkauft!)

7. Markusplatz

8. „A Momentary Lapse Of Reason"

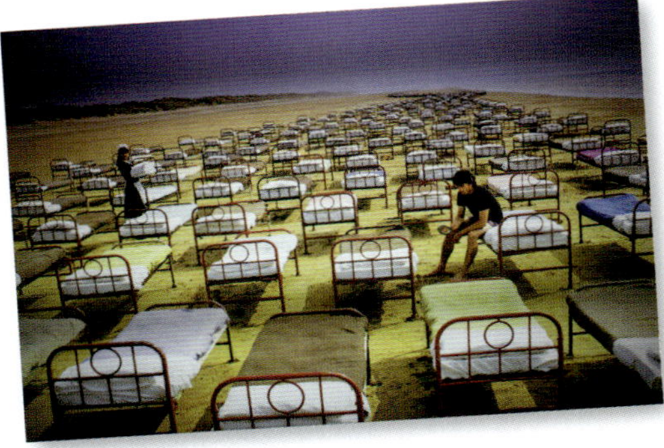

9. Bubbles

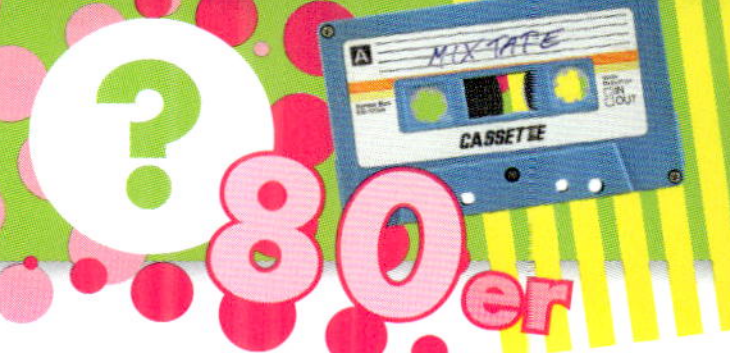

10. 1985 überbot Michael Jackson einen Ex-Beatle beim Rennen um die Verlagsrechte der Fab Four und erhielt den Zuschlag. Wer schaute in die Röhre?

11. Welcher ursprünglich für die Langnese-Werbung geschriebene Song wurde so populär, dass er als Single die Top Ten erreichte?

12. Der Clip zu Billy Oceans größtem Hit durfte in Großbritannien nicht gezeigt werden, weil darin Filmstars wie Michael Douglas und Kathleen Turner mitgesungen hatten, die nicht der Musikergewerkschaft angehörten. Wie hieß der Song aus „The Jewel of the Nile"?

13. Enfant Terrible Frank Zappa gab 1986 in einer Episode der TV-Serie „Miami Vice" einen Gangsterboss – wie hieß der blonde Hauptdarsteller der Serie?

14. „Belfast Child" von den Simple Minds war mit 6:39 Minuten Spielzeit die zweitlängste Nummer eins in der englischen Chartgeschichte – welcher Beatles-Song war länger?

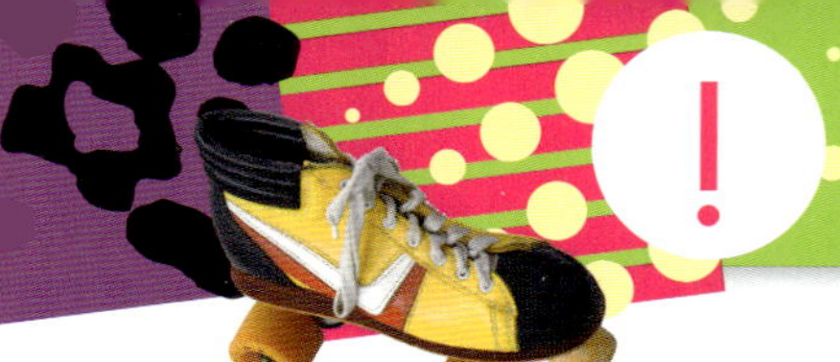

Die richtige Antwort

10. Paul McCartney. Die Freundschaft zu Jackson zerbrach an diesem Deal.

11. „Ice In The Sunshine“

12. „When The Going Get Tough, The Tough Get Going“

13. Don Johnson

14. „Hey Jude“

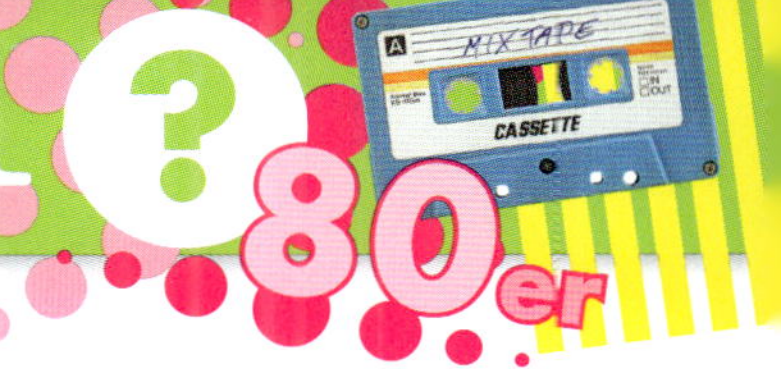

15. 1982 veröffentlichte die neu gegründete US-Band Fred Zeppelin ihre erste Single. Dahinter steckten die Geschwister Dweezil und Moon Unit – wer war ihr berühmter Vater?

16. Wie hieß der Van-Halen-Song, zu dessen Lyrics sich Sänger David Lee Roth durch einen TV-Bericht über einen Mann inspiriert fühlte, der von einem Dach springen wollte?

17. Am 5. April 1985 um 3:50 Uhr (Greenwich) spielten mehr als 5000 Radiostationen weltweit denselben Song, der daraufhin in fast allen westlichen Ländern auf Platz eins gelangte. Wie hieß der in den USA von Quincy Jones produzierte Charity-Song?

18. Welcher US-Schockrocker erhängte sich 1988 bei Proben zu seiner Europatournee versehentlich beinahe selbst?

19. 1989 fragten sich zwei Radio-DJs in Los Angeles, was aus dem Star der 70er-Jahre-TV-Sitcom „The Partridge Family" geworden sein mochte. Der rief daraufhin persönlich in der Sendung an – und erhielt prompt wenig später einen neuen Plattenvertrag. Wer war´s?

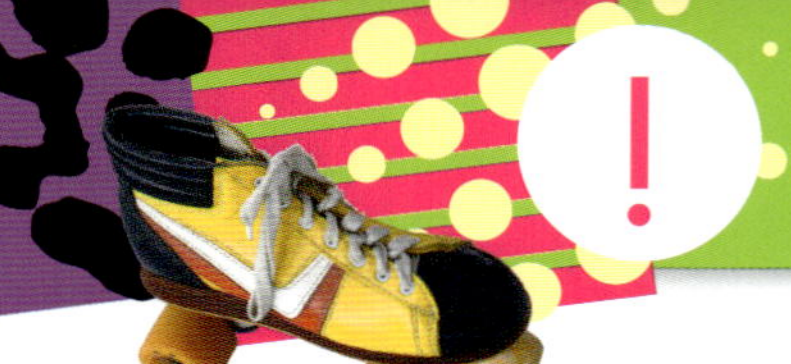

Die richtige Antwort

15. Frank Zappa

16. „Jump"

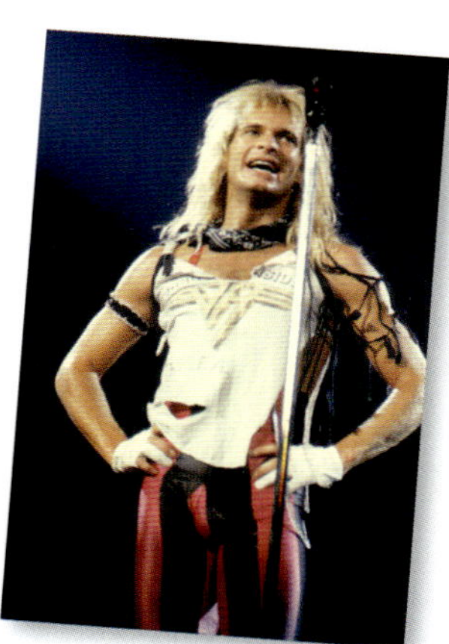

17. „We Are The World"

18. Alice Cooper

19. David Cassidy

20. 1985 wurde mit „Make It Big" zum ersten Mal ein westliches Popalbum in China veröffentlicht – von welchem englischen Interpreten-Duo?

21. 1982 musste eine englische Punkband eine Tournee absagen, weil ihr Sänger verschwunden war. Man fand ihn erst nach drei Wochen in Paris wieder, wo er auf der Straße lebte. Wer war´s?

22. Kaum eine Band hatte mehr Platten verkauft als Fleetwood Mac – und doch war ihr Drummer 1984 bankrott. Sein Name?

23. Wer schrieb, bevor er in den 80ern zum beliebtesten deutschen Fernsehmoderator aufstieg, Liebesromane für die „Bravo"?

24. Am 24. Mai 1980 verkauften am Schalter des Roxy in Los Angeles die Mitglieder von Genesis höchstpersönlich die Eintrittskarten für ihr Konzert. Wer hießen die drei Ticketverkäufer?

25. Welcher britische Pop-Veteran veröffentlichte 1989 mit „The Best Of Me" seine 100. Single und schaffte es damit zum 26. Mal (!) unter die Top 3 in England?

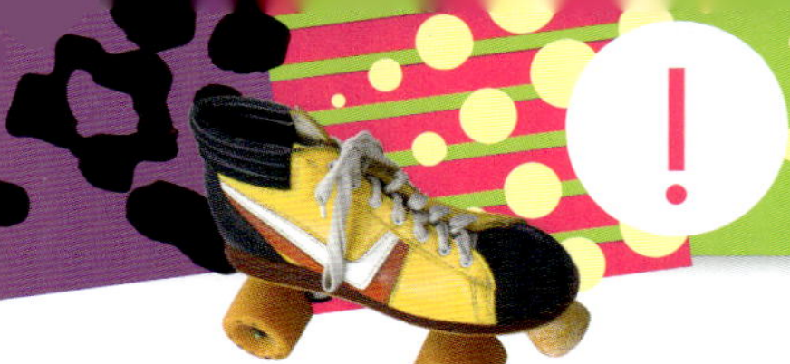

20. Wham!

21. Joe Strummer

22. Mick Fleetwood

23. Thomas Gottschalk

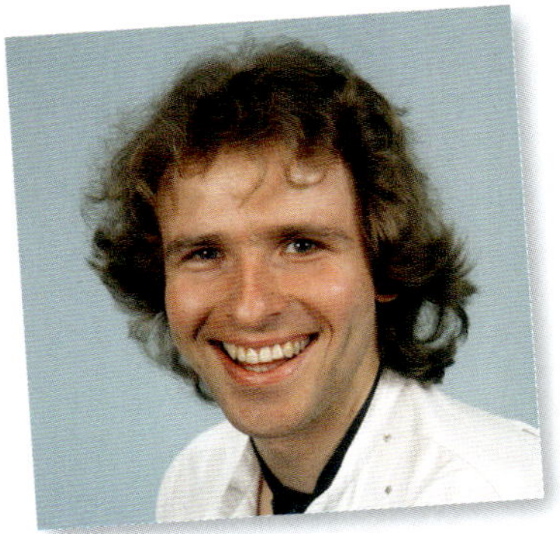

24. Tony Banks, Phil Collins, Mike Rutherford

25. Cliff Richard

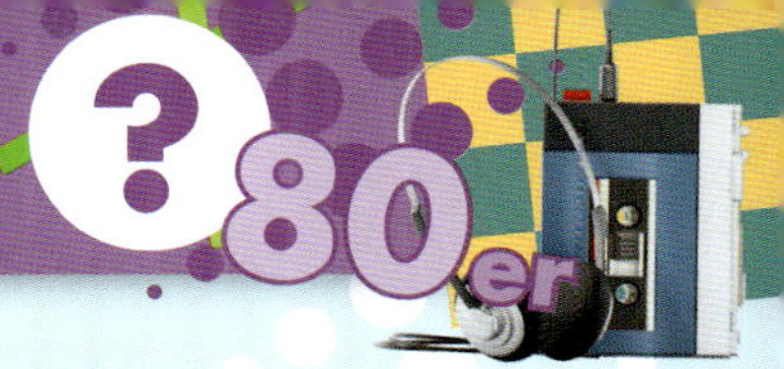

All Night Long

Gotteslästereien, Drogenexzesse, minderjährige Bräute und Sänger, die keine waren – die 80er sparten nicht mit Skandalen und Exzessen. Erinnern Sie sich an die spektakulärsten Fälle?

1. Dass mit den Hit-Überfliegern Milli Vanilli etwas nicht stimmte, wurde schon lange gemunkelt. Kaum waren die 80er vorbei, kam´s heraus – was?

2. „Wenn er allein auf Tournee geht, schneide ich ihm die Kehle durch!" Keith Richards sagte das. Wen meinte er?

3. 1986 behauptete die Presse, dass Michael Jackson aus Angst vor dem Altern an einem höchst ungewöhnlichen Ort schlafe – wo?

4. 1989 heiratete die 18-jährige Mandy Smith einen Rolling Stone – der soll das blonde Model allerdings schon gedatet haben, als es gerade erst 14 war. Wer war der Bräutigam?

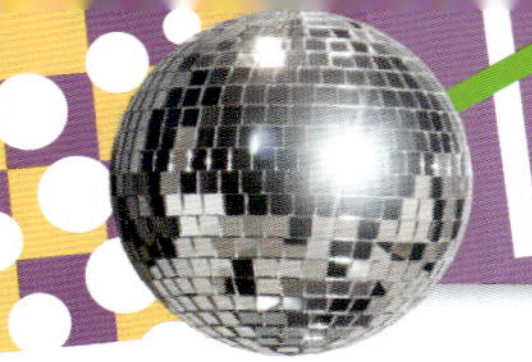

Die richtige Antwort

1. Rob Pilatus und Fab Morvan hatten auf ihren Platten nicht selbst gesungen.

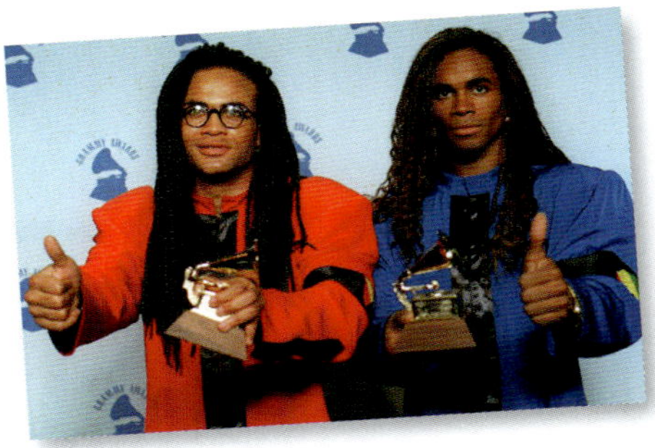

2. Mick Jagger

3. In einer Sauerstoffkammer. Was allerdings Blödsinn war: Jackson hatte die Überdruckkammer eines Gesundheitszentrums ausprobiert und sich dabei fotografieren lassen.

4. Bill Wyman

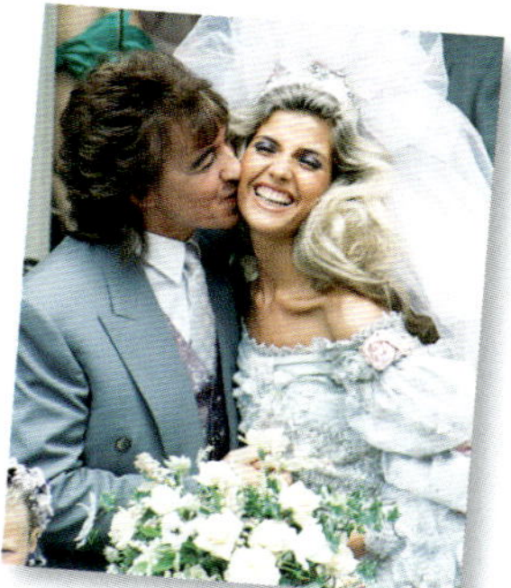

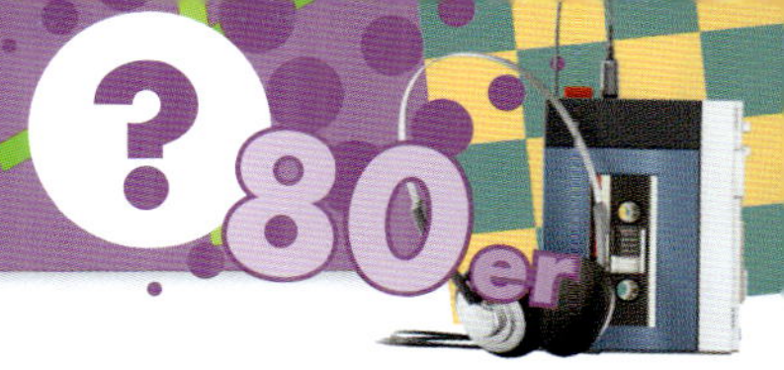

5. 1986 sorgte der Singlehit „Jeanny" für einen handfesten Skandal, weil darin nicht nur von einem psychopathischen Mörder die Rede war, sondern dessen Gewalttat im Songtext angeblich auch verherrlicht wurde.
Wie hieß der österreichische Sänger des Liedes?

6. Unter welchem Künstlernamen wurde Amanda Tapp bekannt, die auch als Muse des Malers Salvatore Dali galt und eine Zeitlang mit ihrem transsexuellen Image kokettierte?

7. Wie hieß der 1987 gestorbene Künstler, in dessen „Fabrik" genanntem Atelier die Promis aus Pop und Rock ebenso verkehrten wie die schillerndsten Figuren der New Yorker Halbweltszene?

8. Welcher ehemalige Beatle wurde im Januar 1980 in Japan festgenommen und für neun Tage in ein Gefängnis gesperrt, nachdem man in seinem Gepäck einen Beutel Marihuana gefunden hatte?

9. Welcher Pop-Superstar veröffentlichte 1992 den erotischen Bildband „Sex", der mit 1,5 Mio. Auflage zum bis heute erfolgreichsten Coffee-Table-Book aller Zeiten wurde?

5. Falco

6. Amanda Lear

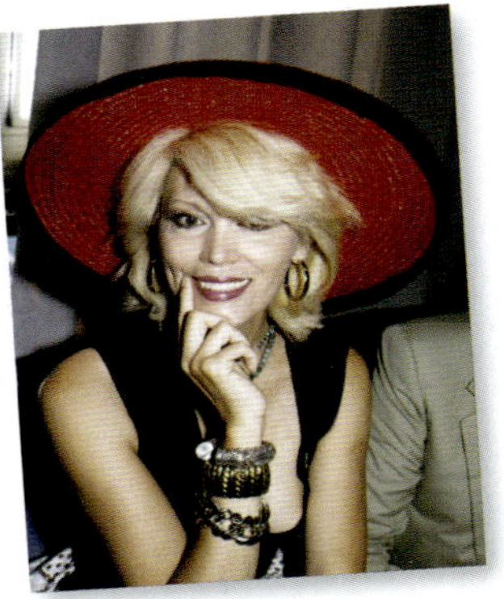

7. Andy Warhol

8. Paul McCartney

9. Madonna

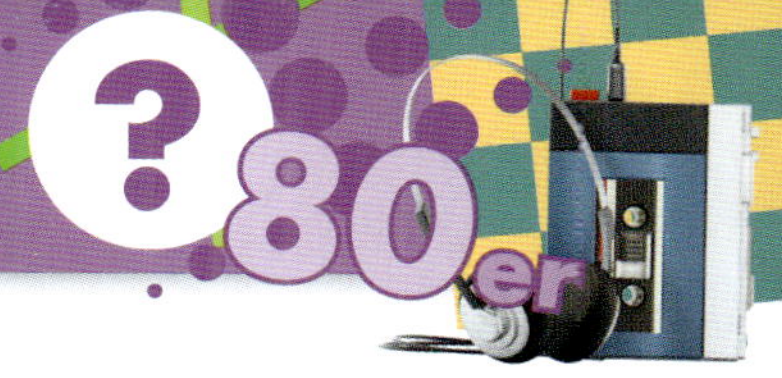

10. Erst in den 90ern outete er sich als homosexuell. Im Jahrzehnt zuvor hatte er mit Songs wie „I Want Your Sex“ abgeräumt. Wie hieß der Sänger?

11. Der Drummer von Mötley Crüe verprügelte 1984 einen Fan, nachdem der ihm erzählt hatte, dass Elaine Starchuk, die damalige Freundin des Musikers, nackt im „Penthouse“-Magazin zu sehen war. Wie hieß der Schläger?

12. 1988 kam heraus, dass Frankie goes to Hollywood ihren größten Hit gar nicht selbst gespielt hatten – von welchem Song ist die Rede?

13. Wie hieß der Sänger einer berühmten Hardrockband, der am Morgen des 20. Februar 1980 nach einer exzessiven Zechtour in London tot aufgefunden wurde?

14. Wie hieß der schwarze US-Superstar, der von südafrikanischen Radiostationen boykottiert wurde, nachdem er 1985 den Oscar für einen Song dem inhaftierten Nelson Mandela gewidmet hatte?

15. Der „Godfather of Soul“ wurde 1987 und 1988 innerhalb von zwölf Monaten fünf Mal verhaftet, zuletzt wegen illegalen Waffenbesitzes und Widerstands gegen die Staatsgewalt. Sein Name?

10. George Michael

11. Tommy Lee

12. „Relax“

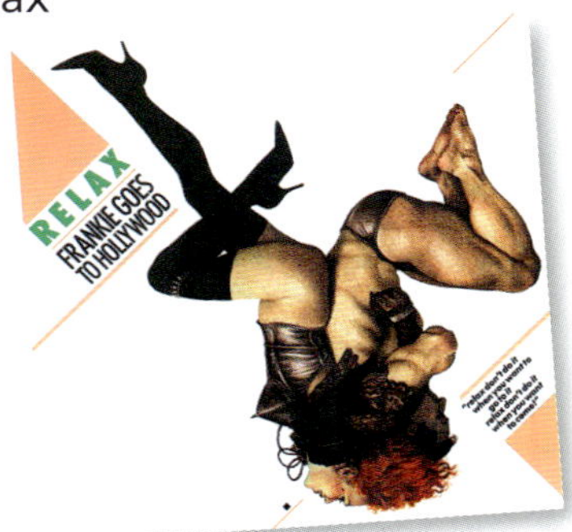

13. Bon Scott

14. Stevie Wonder

15. James Brown

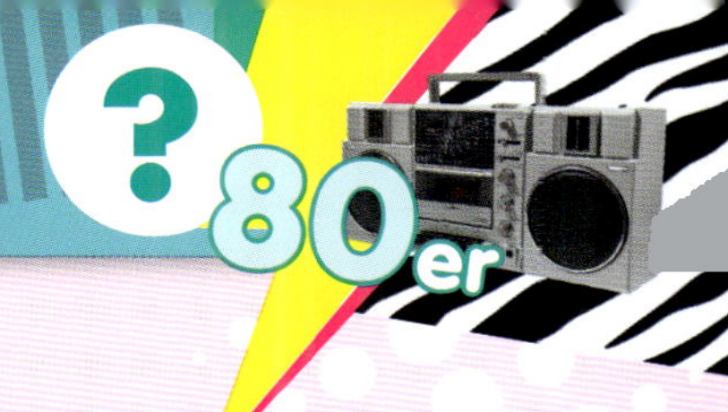

Love Will Tear Us Apart

Jedes Popjahrzehnt hat seine Tragödien – auch in den 80ern traten einige Stars viel zu früh ab. Manche wurden zum Opfer ihres exzessiven Lebensstils, manche litten an schweren Krankheiten, andere kamen mit dem Ruhm nicht zurecht, und gelegentlich spielten auch unglückliche Umstände eine Rolle ...

1. Am 19. März 1983 kam der Gitarrist Randy Rhoads beim Absturz eines Sportflugzeugs ums Leben. Er war da gerade mit dem Ex-Sänger von Black Sabbath auf Tournee – wie lautet dessen Name?

2. Am 1. April 1984 wurde ein US-Sänger von seinem Vater erschossen. Wie hieß der legendäre Soulman, der kurz vor seinem Tod mit „Sexual Healing" einen Welthit gefeiert hatte?

3. Am 8. Dezember 1980 wurde John Lennon von einem psychisch kranken Attentäter erschossen. Wo geschah das Attentat?

1. Ozzy Osbourne

2. Marvin Gaye

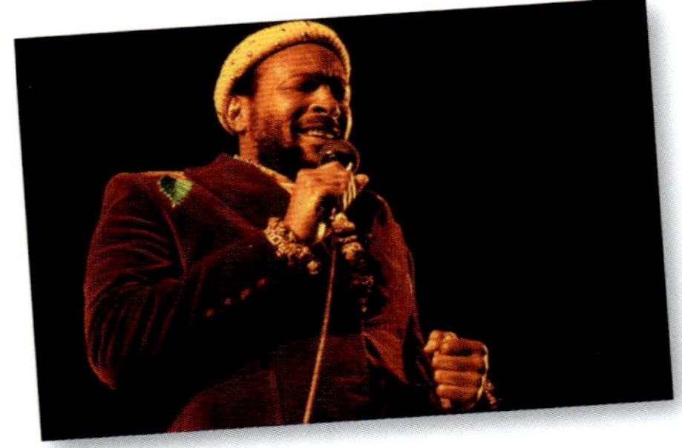

3. Vor dem Dakota Building in New York City

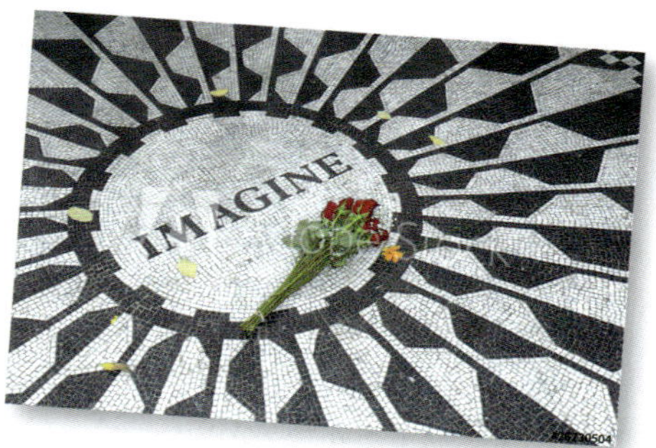

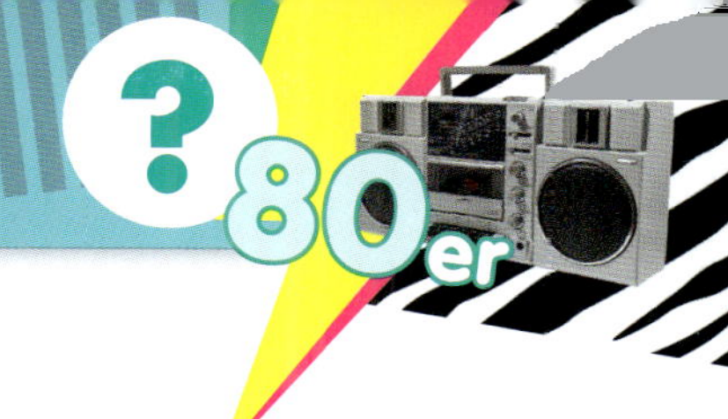

4. Wie heißt das im New Yorker Central Park zu Ehren des erschossenen Beatles angelegte Stein-Mosaik mit der Inschrift „Imagine"?
„Penny Lane" / „Come Together" / „Strawberry Field"

5. Welcher andere Beatle, der schon mit 58 Jahren an Krebs sterben sollte, feierte 1988 mit dem Album „Cloud Nine" ein Comeback in den Charts?

6. Am 25. September 1980 war mit John Bonham der Drummer einer berühmten englischen Rockband gestorben – welche Gruppe ist gemeint?

7. Am Nikolaustag 1988 erlag ein Mitglied der Allstarband Traveling Wilburys einem Herzinfarkt – wer war´s?

8. Am 21. Dezember 1988 kam beim Anschlag auf einen Pan-Am-Flug auch der Ex-Cockney-Rebel-Bassist Paul Jeffreys ums Leben. Er war mit seiner Frau auf dem Weg in die Flitterwochen. Über welcher schottischen Ortschaft geschah das Attentat?
Lockerbie / Loch Ness / Londonderry

4. „Strawberry Field“

5. George Harrison

6. Led Zeppelin

7. Roy Orbison

8. Lockerbie

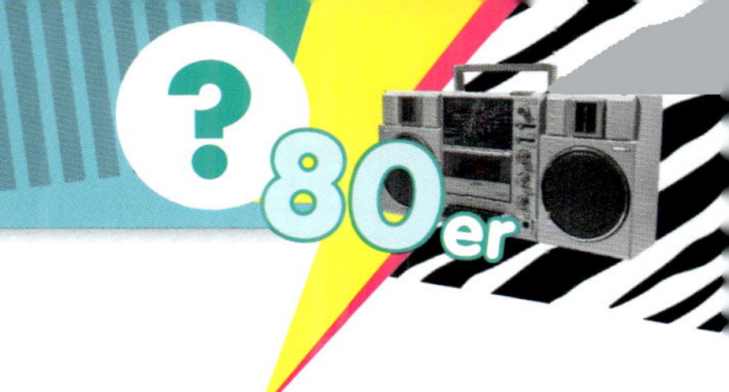

9. Am 18. Mai 1980 schied mit Ian Curtis der Frontmann einer englischen Postpunk-Band aus dem Leben – wie hieß die Gruppe, die durch den Hit „Love Will Tear Us Apart“ bekannt geworden war?

10. Nach Curtis´ Tod machte die Gruppe zu dritt weiter und gab sich einen neuen Namen – welchen?

11. Nach dem Tod ihres Frontmanns Bon Scott kamen AC/DC im Sommer 1980 mit dem Erfolgsalbum „Back In Black“ zurück. Wen hatten sie als neuen Sänger angeheuert?
Brian Wilson / Brian Jones / Brian Johnson

12. Bei einem Überfall auf sein Haus wurde am 11. September 1987 der jamaikanische Reggaesänger Peter Tosh erschossen. Mit welchem berühmten Kollegen hatte Tosh seine Karriere bei den Wailers begonnen?

13. Bei einem Unfall von Metallicas Tourbus in Schweden starb am 27. September 1986 der Bassist Cliff Burton. Wer ersetzte ihn in der Band?
Jason Newsted / Jason King / Jason Bonham

9. Joy Division

10. New Order

11. Brian Johnson

12. Bob Marley

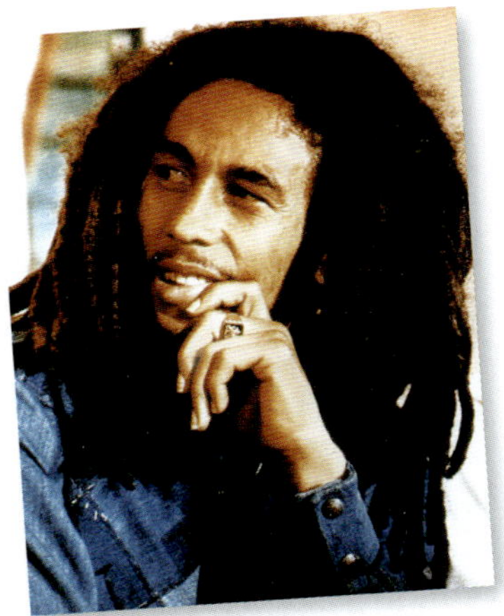

13. Jason Newsted

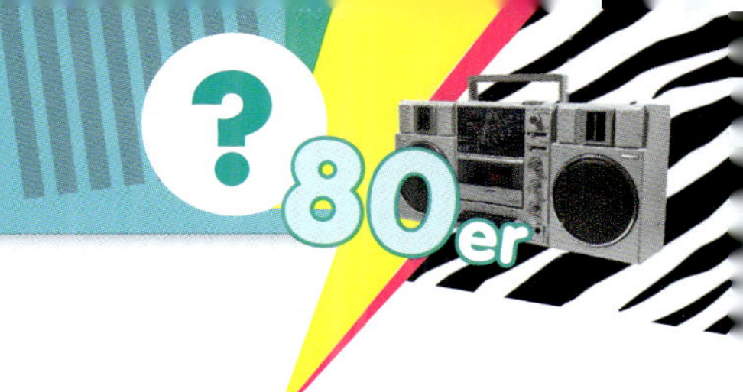

14. Der US-Musiker Dennis Wilson starb am 28. Dezember 1983 in Los Angeles bei einem Badeunfall. Zu welcher berühmten kalifornischen Band gehörte er?

15. Jahrelanger Drogen- und Alkoholmissbrauch kostete den irischen Sänger und Bassisten Phil Lynott am 4. Januar 1986 das Leben. Wie hieß seine Band?

16. Genau zwei Monate später, am 4. März 1986, schied der an Depressionen leidende Richard Manuel von The Band aus dem Leben. Welche später mit dem Nobelpreis für Literatur ausgezeichnete Rocklegende hatte er mit The Band auf vielen Tourneen begleitet?

17. Infolge eines Autounfalls musste dem englischen Drummer Rick Allen im Januar 1985 ein Arm amputiert werden. Dennoch konnte er später als einziger einarmiger Drummer der Rockszene wieder spielen – wie heißt seine bis heute erfolgreiche Band?

18. Welcher englische Rockstar wurde zum prominentesten Opfer des in den 80ern aufgetauchten Aids-Virus?

19. Wann starb Queen-Sänger Freddie Mercury? 1989 / 1991 / 1993

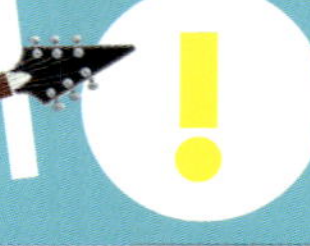

14. Beach Boys

15. Thin Lizzy

16. Bob Dylan

17. Def Leppard

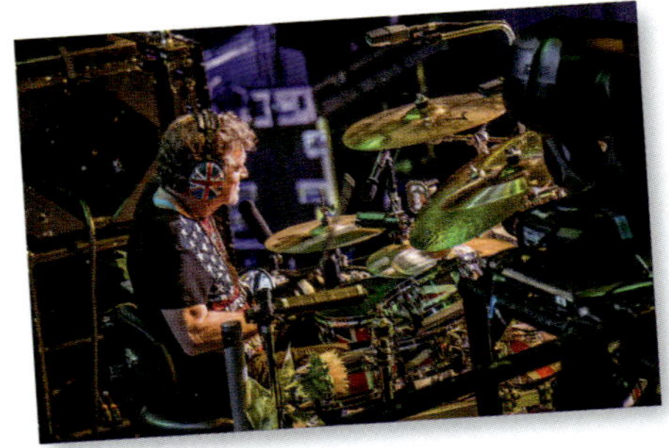

18. Freddie Mercury

19. 1991

TRAGÖDIEN

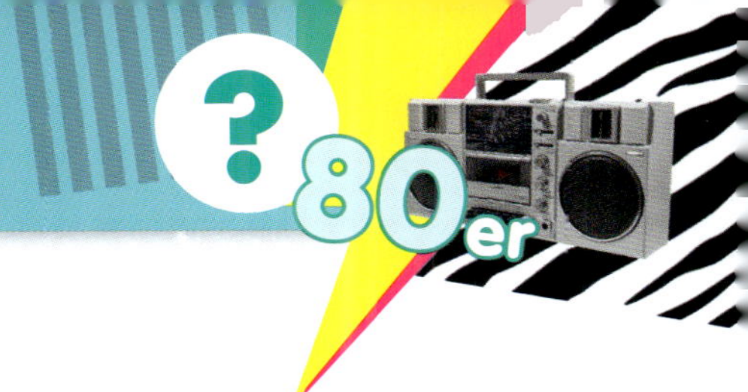

20. 1982 starb der US-Musiker und -Schauspieler John Belushi an den Folgen seines Drogenkonsums. Mit welchem Kult-Musikfilm war er 1980 berühmt geworden?

21. Am 7. Januar 1980 fand man den US-Sänger Larry Williams tot auf. Seine Songs waren durch die Beatles bekannt geworden. Einer davon war ...
„Short Fat Fannie" / „Long Tall Sally" / „Dizzy Miss Lizzy"

22. 1985 schied der psychisch kranke Terry Burnes in London aus dem Leben. Sein Halbbruder feierte da gerade Hiterfolge wie „This Is Not America" und „Dancing In The Street".Von wem ist die Rede?

23. 1990 trauerte die Popwelt um Mel Appleby, die mit nur 23 Jahren an Krebs starb. Wie hieß das Erfolgsduo, das sie mit ihrer Schwester bildete?

24. Der US-Soulsänger Jackie Wilson starb 1984. Welcher seiner Songs wurde vor allem durch den animierten Videoclip posthum zum Welthit?

25. Gemeinsam mit ihrem Bruder Richard hatte sie Welthits wie „Close To You" und „Top Of The World" gesungen. 1983 starb sie in Los Angeles an den Folgen ihrer Magersucht – ihr Name?

20. „The Blues Brothers“

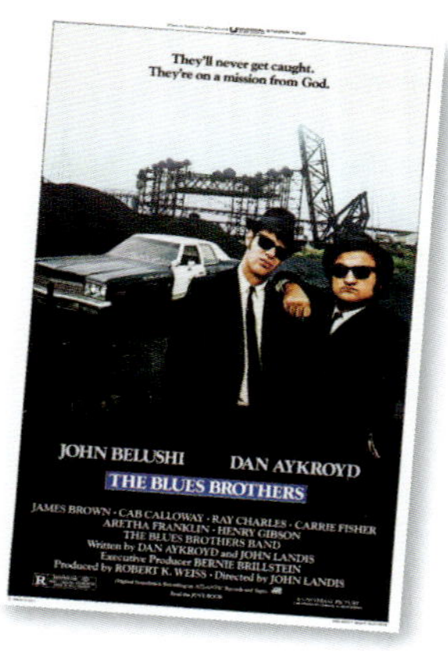

21. „Dizzy Miss Lizzy“

22. David Bowie

23. Mel & Kim

24. „Reet Petite“

25. Karen Carpenter

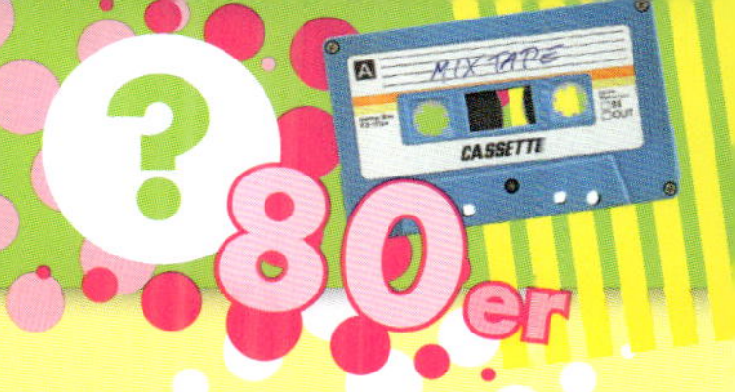

People Are People

Neben den Superstars und den Monsterhits sorgten in den 80ern auch jede Menge Künstler für Aufregung, die heute eher zur Abteilung „Kult“ gehören. Nichtsdestotrotz schenkten auch sie uns erinnerungswürdige Momente und unvergessliche Musik ...

1. Im Sommer 1980 kam ein Musikfilm in die Kinos, der zum Überraschungserfolg wurde und die Komiker John Belushi und Dan Akroyd berühmt machte – wie hieß der Streifen?

2. In den 80ern wurden sie mit Hits wie „This Charming Man“ zu Englands erfolg- und einflussreichster Indieband – ihr Name?

3. The Smiths wurden nicht zuletzt durch ihren charismatischen Frontmann zu Stars. Nach dem Ende der Band 1988 startete er eine erfolgreiche Solokarriere. Wer ist gemeint?

4. Mit dem Top-Ten-Hit „Buffalo Gals“ begann Malcolm McLaren 1982 eine Gesangskarriere. Berühmt geworden war er schon fünf Jahre zuvor als Manager einer Punkband – welcher?

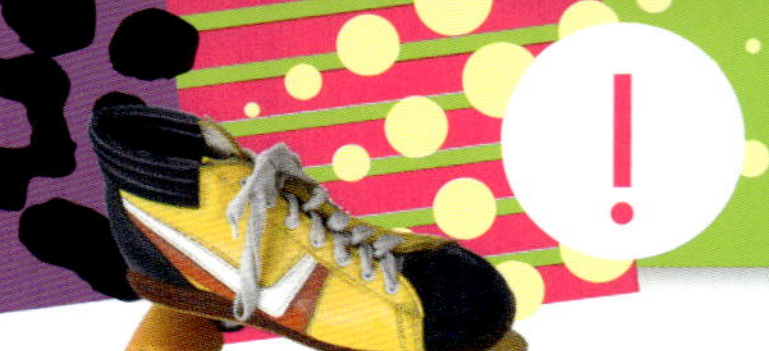

Die richtige Antwort

1. „The Blues Brothers“
2. The Smiths
3. Morrissey
4. The Sex Pistols

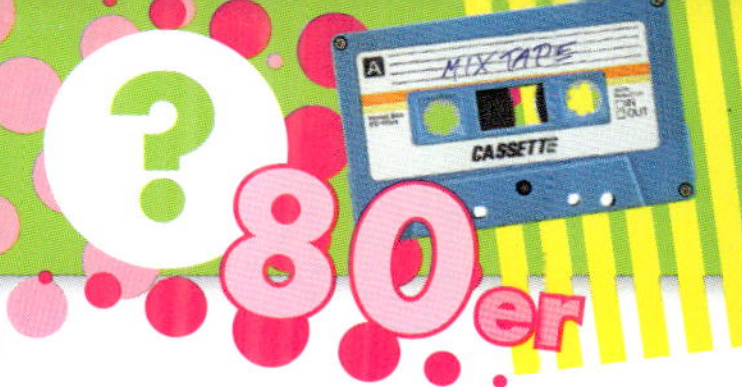

5. Wie hieß der texanische Bluesgitarrist, der auf „Let´s Dance" von David Bowie das Solo spielte, kurz darauf selbst zu einem der größten Rockstars der Dekade wurde und 1990 bei einem Hubschrauberabsturz ums Leben kam?

6. 1983 gelang einer Progrockband der 70er Jahre mit „Owner Of A Lonely Heart" ein überraschendes Comeback – ihr Name?

7. Das US-Model Patti Hansen heiratete am 18. Dezember 1983 einen Rolling Stone – welchen?

8. Wie hieß das Trio um den US-Gitarristen Brian Setzer, das 1981 mit „Stray Cat Strut" ein Rockabilly-Revival auslöste?

9. Welcher kanadische Singer-Songwriter griff 1989 mit der Hymne „Rockin´ In The Free World" den damaligen US-Präsidenten George Bush Sr. scharf an?

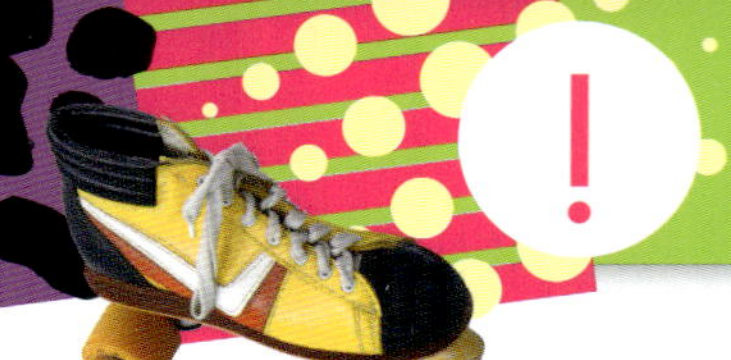

Die richtige Antwort

5. Stevie Ray Vaughan

6. Yes

7. Keith Richards

8. Stray Cats

9. Neil Young

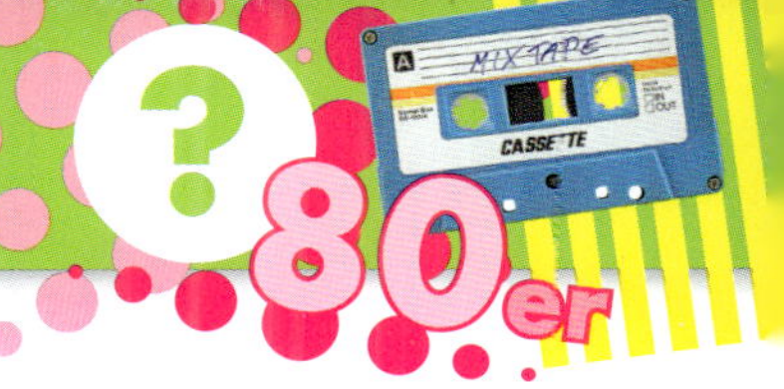

10. Am 30. April 1982 starb in New York der legendäre Rockkritiker Lester Bangs. Der US-Regisseur Cameron Crowe setzte ihm in seinem Kinohit „Almost Famous" ein Denkmal – welcher US-Charakterdarsteller, der 2014 für „Capote" den Oscar bekam, spielte Bangs?

11. 1987 wurde die später legendäre Grunge-Band Nirvana gegründet. In welcher Metropole im Nordwesten der USA begann die Band ihre Karriere?

12. Die Black Crowes wurden schon 1984 gegründet, nahmen aber erst 1989 ihr Debütalbum auf. Welches Brüderpaar war die treibende Kraft hinter der Band?
John & Tom Fogerty / Chris & Rich Robinson / Duane & Gregg Allman

13. Welcher englische Musiker trägt den Beinamen „The Modfather"?

14. 1983 gründete Paul Weller mit Mick Talbot ein Pop-Duo, dem mit „Speak Like A Child" auch gleich ein Top-Ten-Hit in England gelang. Wie hieß die Gruppe?

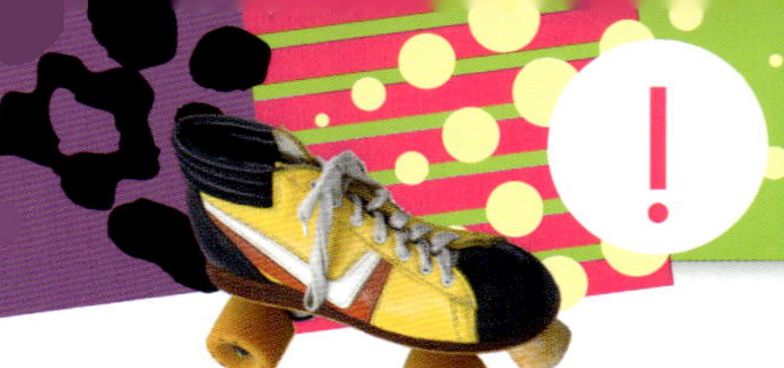

Die richtige Antwort

10. Philip Seymour Hoffman

11. Seattle

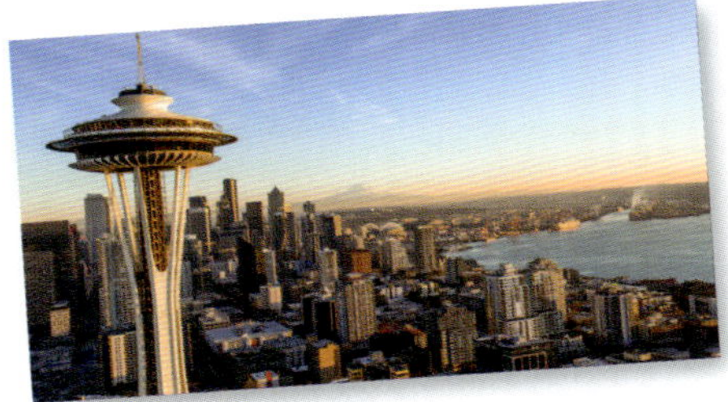

12. Chris & Rich Robinson

13. Paul Weller

14. The Style Council

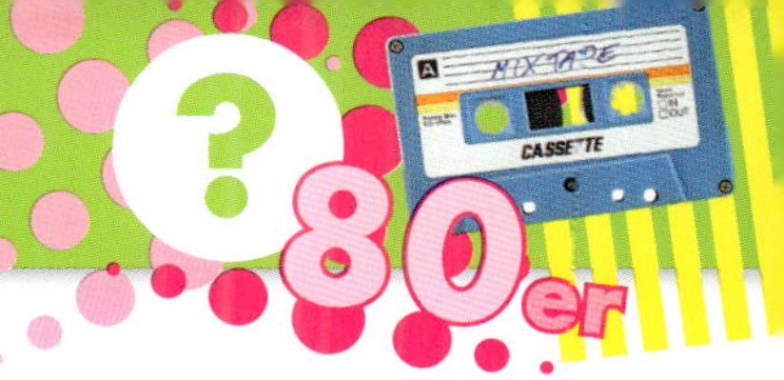

15. 1987 landete die US-Band Los Lobos mit dem Remake eines mexikanischen Volksliedes, das Ritchie Valens in den 1950ern bekannt gemacht hatte, einen Riesenhit – wie hieß der Titel? „La Paloma" / „La Bamba" / „La Montanara"

16. Welche kalifornische Funkrock-Band wurde berühmt, als sie 1985 einen Auftritt im TV-„Rockpalast" unbekleidet und nur mit übers Gemächt gezogenen Socken beendete?

17. Welche englische Punkband landete 1982 mit der ungewöhnlichen, von einem Cembalo begleiteten Ballade „Golden Brown" einen Radioklassiker?

18. Talk Talk um den Sänger und Songwriter Mark Hollis galt als eine der interessantesten Bands der 80er Jahre. Ihr größter Hit hieß ... „It's A Shame" / „What A Shame" / „Such A Shame"

19. Wie hieß der Titel, in dem die englische Ska-Truppe The Specials 1981 eine Geisterstadt besang?

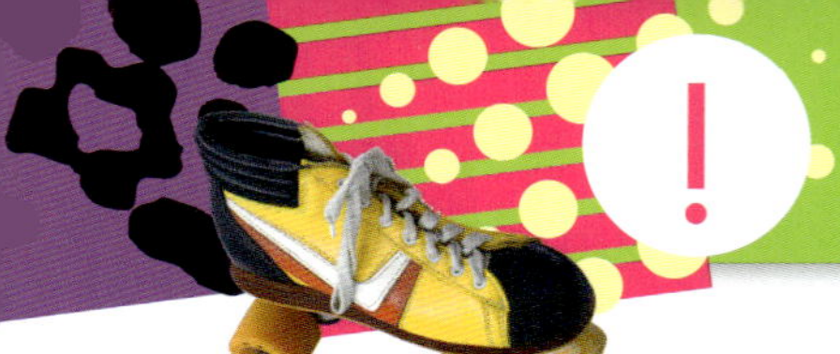

15. „La Bamba“

16. Red Hot Chili Peppers

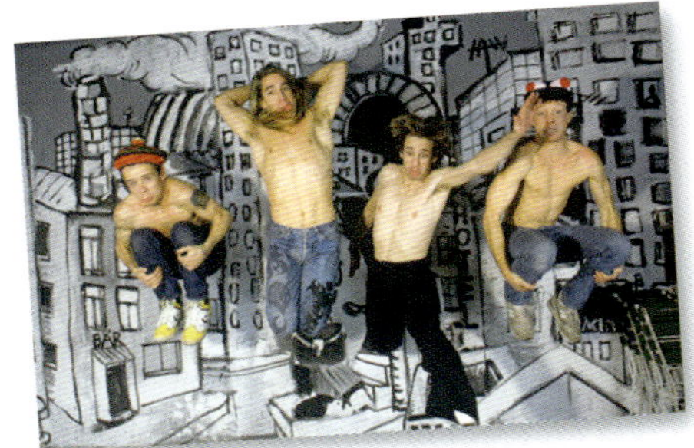

17. The Stranglers

18. „Such A Shame“

19. „Ghosttown“

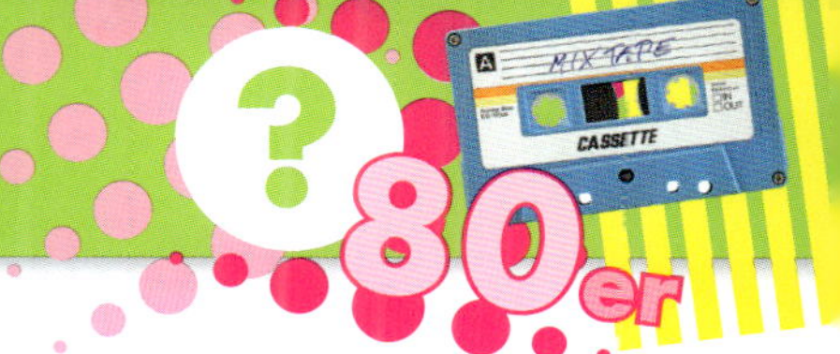

20. 1986 schaffte der „Godfather of Punk" mit „Real Wild Child (Wild One)" die einzige deutsche Top-40-Single seiner Karriere – wie heißt der legendäre Sänger?

21. Sie waren die Nachfolgeband von Joy Division und revolutionierten mit „Blue Monday" die elektronische Dancemusic – wie lautet ihr Name?

22. Mit „Tell It Like It Is" gelang einem TV-Helden aus der Serie „Miami Vice" ein Tophit in Deutschland – wie hieß der Schauspieler?

23. Wie hieß die später weltberühmte US-College-Rockband, die sich nach dem wissenschaftlichen Begriff „Rapid Eye Movement" benannte?

24. Welcher britische Sänger und Gitarrist sang erstmals 1988 „Driving Home For Christmas" – und ist seitdem jedes Jahr zu Weihnachten mit dem Song auf allen Wellen präsent?

25. Welcher Sänger schrieb die Songs „Jersey Girl" und „Downbound Train", die durch Bruce Springsteen und Rod Stewart berühmt wurden?
Tom Wants / Tom Waits / Tom Walks

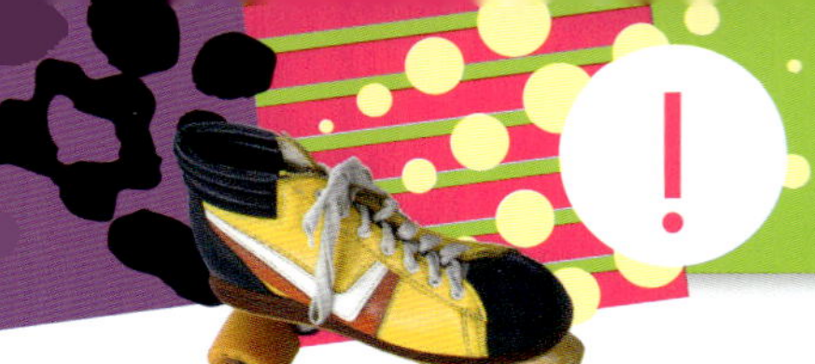

20. Iggy Pop

21. New Order

22. Don Johnson

23. R.E.M.

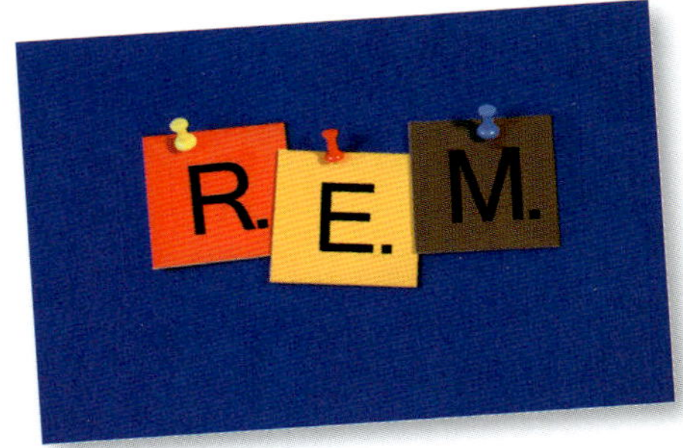

24. Chris Rea

25. Tom Waits

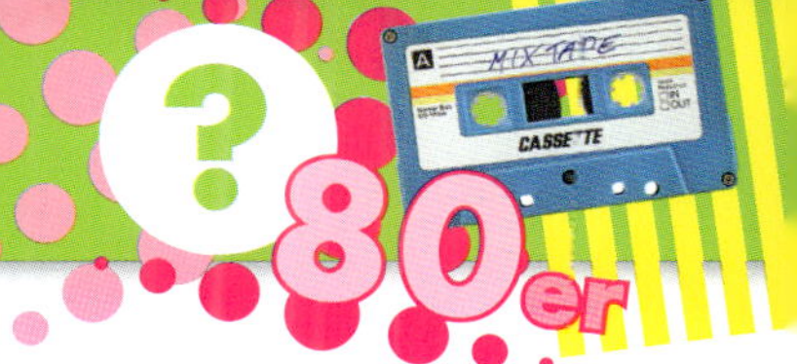

26. Welcher berühmte Pink-Floyd-Song beginnt mit der Textzeile „Hello? Is there anybody out there?"?
„Comfortably Numb" / „Money" / „Wish You Were Here"

27. Nach welcher berühmten US-Schauspielerin, mit der Keyboarder Steve Porcaro damals liiert war, benannten Toto einen Monsterhit?
Jamie Lee Curtis / Kim Basinger / Rosanna Arquette

28. Mit „The Race" schaffte das Schweizer Elektropop-Duo um Dieter Meier und Boris Blank 1988 einen Top-Ten-Erfolg – wie hieß die Gruppe?

29. Wie hieß der berühmte Hotrod-Oldtimer auf der Basis eines 1933er-Ford Coupés, der dem 1983er-Album von ZZ Top seinen Namen gab?
„Terminator" / „Eliminator" / „Dictator"

30. In welcher berühmten Mafia-TV-Serie der 2000er-Jahre spielte Bruce Springsteens Gitarrist Steven Van Zandt die Rolle des Silvio „Sil" Manfred Dante?

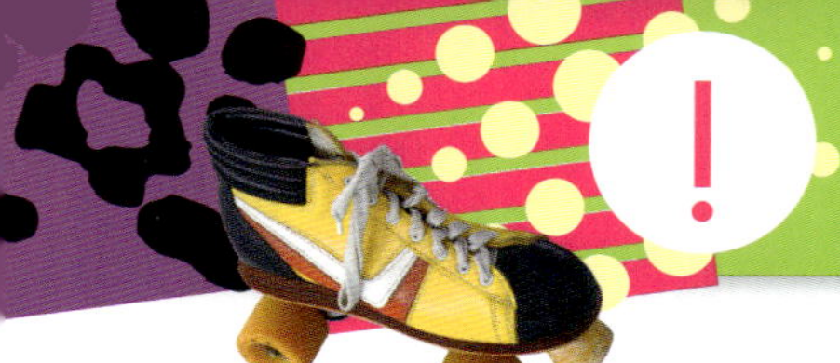

Die richtige Antwort

26. „Comfortably Numb"

27. Rosanna Arquette

28. Yello

29. „Eliminator"

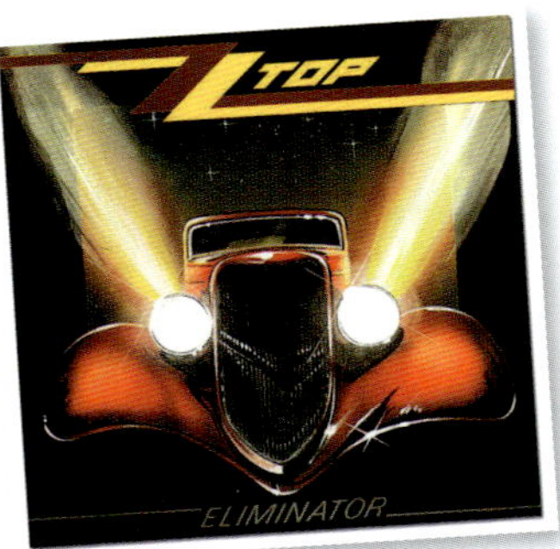

30. Die Sopranos

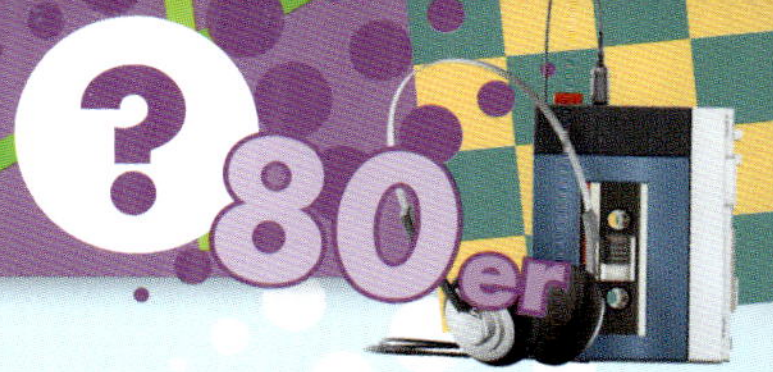

Girls Just Want To Have Fun

Die 80er waren das Jahrzehnt, in dem sich Künstlerinnen endlich das ihnen zustehende Stück vom Popkuchen eroberten. Frauen wie Aretha Franklin, Debbie Harry und Patti Smith hatten die Pionierarbeit geleistet – Madonna, Cyndi Lauper, Stevie Nicks, Janet Jackson und viele andere folgten.

1. Whitney Houston wurde in den 80ern zur ersten ganz großen Diva des Pop. Wann starb die US-Sängerin? 2001 / 2012 / 2017

2. Debbie Harry war in den 80ern eine der bekanntesten Popsängerinnen der Welt – wie hieß ihre Band?

3. Welche New Yorker Sängerin gilt bis heute als „Godmother of Punk"?

4. Heidi Stern trat unter dem Künstlernamen Jennifer Rush auf und war besonders in Deutschland erfolgreich. Welches ist ihr Heimatland?

Die richtige Antwort

1. 2012
2. Blondie
3. Patti Smith
4. USA

5. Marty Wilde war einer der bekanntesten englischen Popsänger der 50er Jahre – wie heißt seine Tochter, die 30 Jahre später zur erfolgreichsten Sängerin im Königreich wurde?

6. Die US-Amerikanerin Wendy O. Williams (1949–1998) trat gerne halbnackt auf und brachte auch schon mal eine Kettensäge mit auf die Bühne. Wie hieß ihre Band?

7. Am 3. Januar 1987 wurde die „Queen of Soul" als erste Frau in die „Rock and Roll Hall of Fame" aufgenommen. Wie hieß die Sängerin, die in den 60ern mit der Bürgerrechtshymne „Respect" bekannt geworden war?

8. In welcher Band spielten die US-Amerikanerin Stevie Nicks und die Engländerin Christine McVie gemeinsam?

9. Beide Frauen verfolgten auch eine Solokarriere. Wer sang den US-Top-Ten-Hit „Got A Hold On Me"?

10. Und welche von beiden sang mit Tom Petty das Duett „Stop Draggin´ My Heart Around"?

5. Kim Wilde

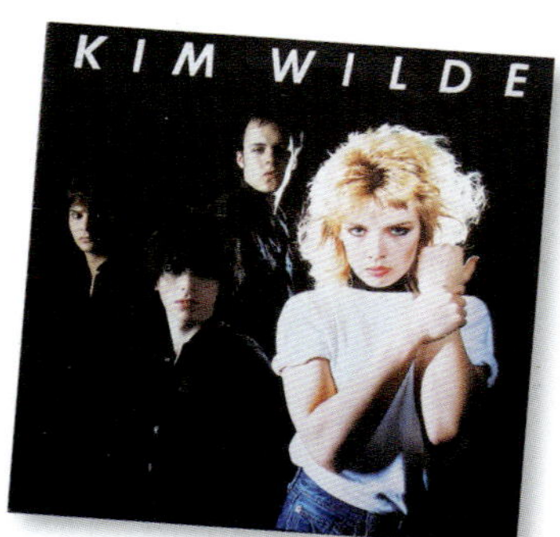

6. Plasmatics

7. Aretha Franklin

8. Fleetwood Mac

9. Christine McVie

10. Stevie Nicks

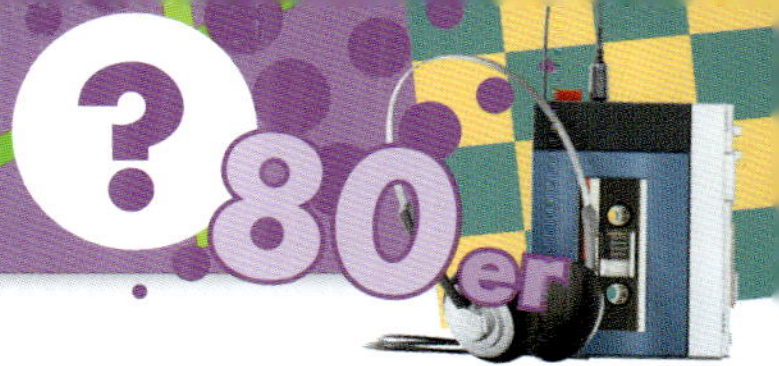

11. Mit „If I Could Turn Back Time" landete sie 1989 im dritten Jahrzehnt hintereinander einen Welthit – und damit war die halbindianische US-Schönheit noch längst nicht am Ende. Wie hieß die Sängerin?

12. Die Waliserin Bonnie Tyler schaffte 1983 ihre einzige Nummer eins in den USA. Wie hieß die von Meat-Loaf-Kumpel Jim Steinman geschriebene Ballade?

13. 1988 stürmte ein junges Mädchen mit dem Little-Eva-Oldie „The Locomotion" die Charts – wie hieß die Australierin, die zu einem der größten Popstars der Gegenwart werden sollte?

14. „Dr. Beat" war im Jahr 1981 in Deutschland ein Hit für die Miami Sound Machine. Angeführt wurde die Latin-Pop-Formation von einem kubanischen Ehepaar – wie hieß die singende Ehefrau von Emilio Estefan Jr.?

15. Mit zehn Nr.-1-Singles in den USA konnte sie sogar ihrem Bruder Michael Jackson das Wasser reichen – wie heißt Jackos kleine Schwester?

11. Cher

12. „Total Eclipse Of The Heart"

13. Kylie Minogue

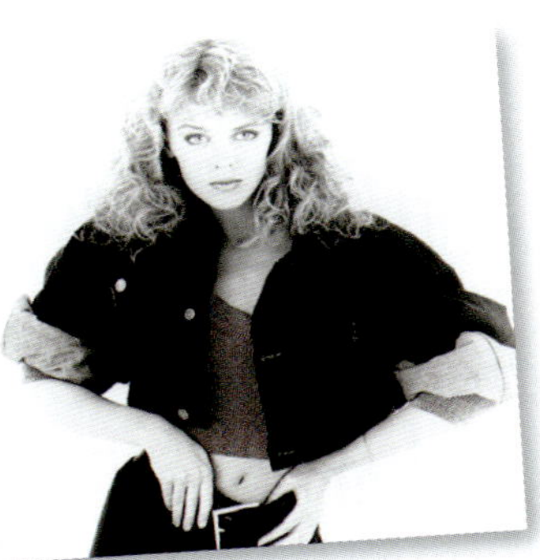

14. Gloria Estefan

15. Janet Jackson

16. 1977 hatte sie mit „Wuthering Heights" einen furiosen Karrierestart hingelegt. „Running Up That Hill" wurde 1985 ihr größter Hit – wer war's?

17. Mit „Talkin' 'Bout A Revolution" wurde die Afroamerikanerin 1988 über Nacht zum Weltstar – wie hieß die Folksängerin, die für ihr Debütalbum gleich drei Grammys einheimste?

18. 1989 gelang der Kanadierin Alannah Myles mit einer Ballade einer der größten Hits der Dekade – wie hieß der Song, der von schwarzem Samt handelt?

19. Ihr größter Hit in Deutschland war 1985 „Slave To The Rhythm". Wie hieß die aus Jamaika stammende Künstlerin mit der charakteristischen Brikettfrisur?

20. Die britische Sängerin Lisa Stansfield startete zum Ende des Jahrzehnts mit einem Monsterhit durch – er führte sie „um die ganze Welt" ...

21. Ein Mädchen aus Ostberlin wurde zu einer der bekanntesten und schrillsten Sängerinnen der Welt. Wie lautet der Name?

16. Kate Bush

17. Tracy Chapman

18. „Black Velvet“

19. Grace Jones

20. „Around The World“

21. Nina Hagen

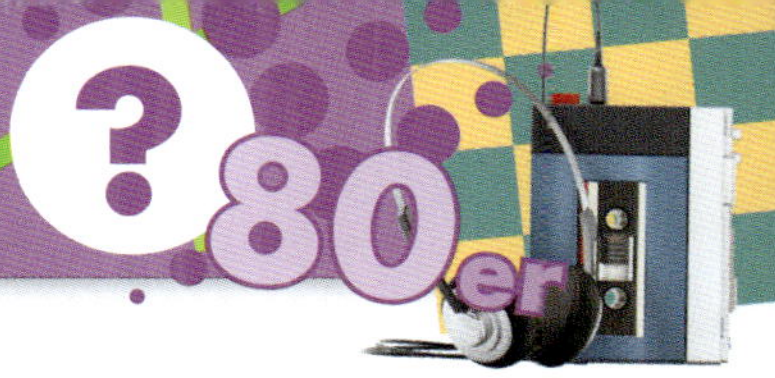

22. Als Anführerin der britischen New-Wave-Band The Pretenders verschaffte sie sich Respekt und landete Hits wie „Back On The Chain Gang" und „Don't Get Me Wrong". Ihr Name?

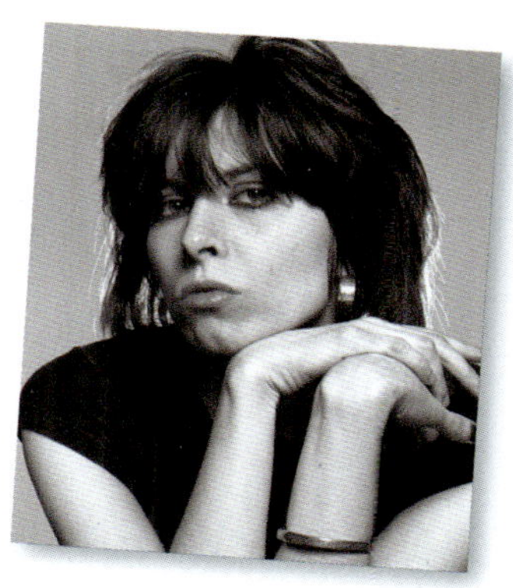

23. Bekannt wurde sie als Seite-3-Mädchen in englischen Boulevardblättern. Den schlüpfrigen Ruhm nutzte sie, um als Sängerin durchzustarten: „Touch Me" schaffte es bei uns in die Top Ten. Wie hieß die Blondine?

24. „My name is Luka, I live on the second floor ..." Mit dieser Zeile begann der Erfolgssong der US-Singer-Songwriterin Suzanne Vega. Wie lautet der Titel?

25. Mit „Buffalo Stance" und „Manchild" gelangen ihr zum Karrierestart gleich zwei Kracher – wie heißt die Tochter des Jazztrompeters Don Cherry?

22. Chrissie Hynde

23. Samantha Fox

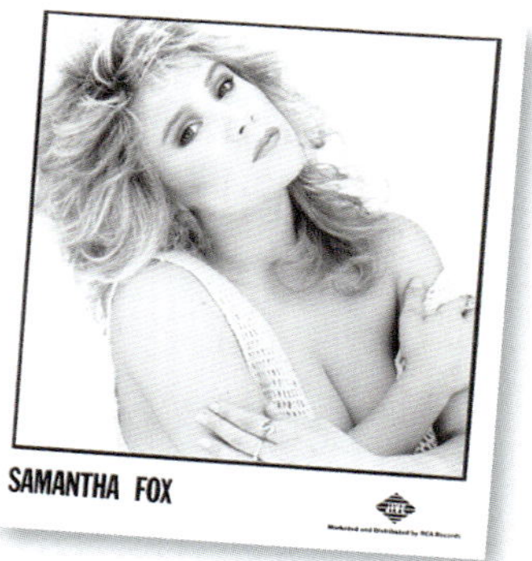

24. „Luka"

25. Neneh Cherry

Luftballons über Westerland

Die 80er waren das Jahrzehnt, in dem auch im geteilten Deutschland eine eigenständige einheimische Popmusik erwachte. Laut und schrill verschaffte sie sich zu Beginn des Jahrzehnts als Neue Deutsche Welle Gehör. Am Ende des Jahrzehnts gab es deutsch singende Stars wie Nena, Falco, Silly und Grönemeyer.

1. Im März 1986 wurde Falco Nr. 1 der US-Charts – wie hieß sein Song?

2. Am 17. August 1982 verliebte sich die Republik in eine Sängerin im roten Minirock. Im TV-„Musikladen" sang sie „Nur geträumt". Ihr Name?

3. Am 12. August 1989 macht Scorpions-Sänger Klaus Meine einen Spaziergang an der Moskwa. Welches Lied schrieb er danach?

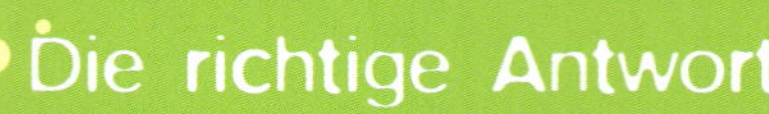

Die richtige Antwort

1. „Rock Me Amadeus“

2. Nena

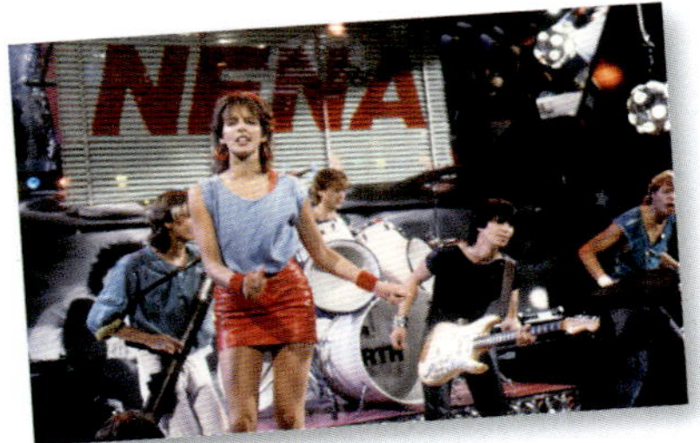

3. „Wind Of Change“

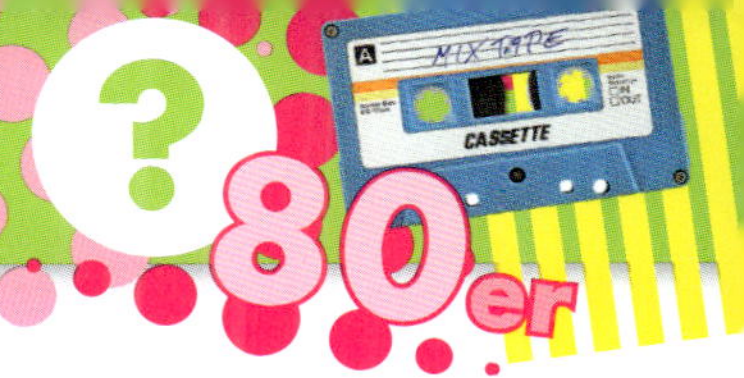

4. In den 80ern stiegen Silly zu Stars des DDR-Rock auf, 1996 starb ihre Sängerin an Brustkrebs. Ihr Name?

5. Wer sang 1984 „Männer sind so verletzlich, Männer sind auf dieser Welt einfach unersetzlich"?

6. Zwei Jahre zuvor hatte sich die Liedermacherin Ina Deter ebenfalls mit dem Thema „Männer" auseinandergesetzt – der Titel ihres Songs wurde zum geflügelten Wort. Wie lautet er?

7. Welche Hagener Band freute sich in einem ihrer Hits, dass die Schule brennt?

8. Unter welcher Bezeichnung firmierte der überraschende Boom deutsch singender Künstler zu Beginn des Jahrzehnts?

9. Mit welcher Band wurde Annette Humpe berühmt?

10. Welcher NDW-Hit stammte nicht von Ideal? „Blaue Augen" / „Hohe Berge" / „Wir stehn auf Berlin"

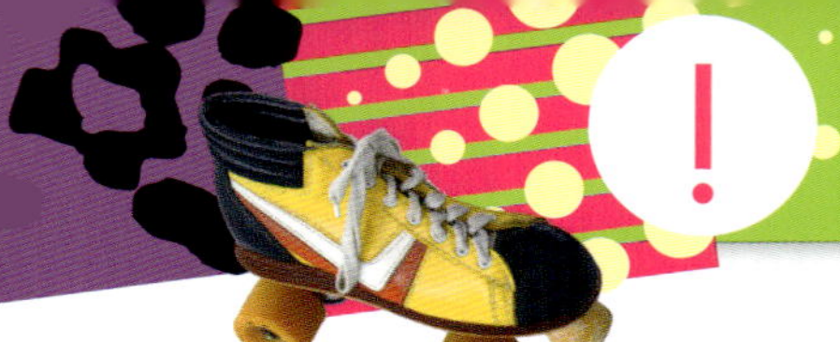

Die richtige Antwort

4. Tamara Danz

5. Herbert Grönemeyer

6. „Neue Männer braucht das Land"

7. Extrabreit

8. Neue Deutsche Welle (NDW)

9. Ideal

10. „Hohe Berge"

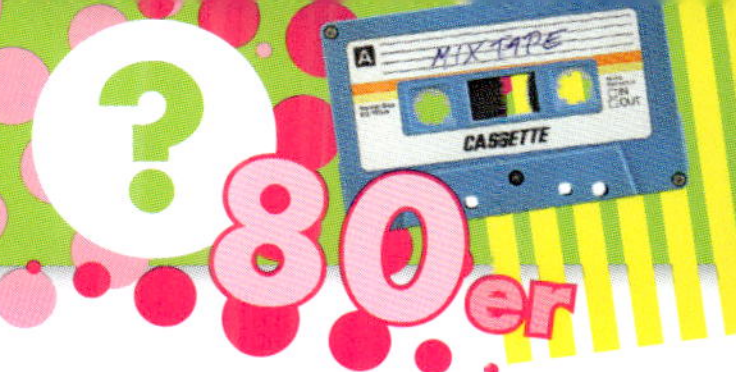

11. Wie heißt Annettes jüngere Schwester, die 1983 den DÖF-Hit „Codo ... düse im Sauseschritt" sang?

12. Wohin fuhr im selben Jahr Udo Lindenbergs Sonderzug?

13. Aus welcher deutschen Stadt kommen BAP?

14. Welcher Sänger wollte „König von Deutschland" sein?

15. Wer war der „Goldene Reiter"?

16. Welche Band aus dem Ruhrgebiet steigerte 1983 das „Bruttosozialprodukt"?

17. Welche Comedy-Popband verübte 1985 in den Charts einen „Ba-Ba-Banküberfall"?

18. Von welcher DDR-Rockband stammte Peter Maffays Ballade „Über sieben Brücken musst du gehn" im Original?

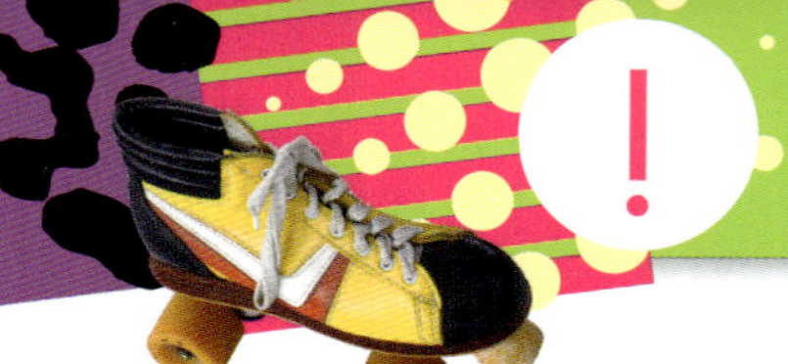

Die richtige Antwort

11. Inga Humpe

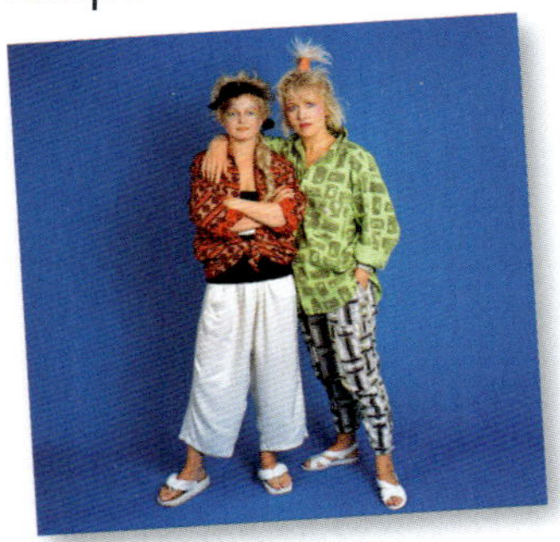

12. Nach Pankow

13. Köln

14. Rio Reiser

15. Joachim Witt

16. Geier Sturzflug

17. Erste Allgemeine Verunsicherung

18. Karat

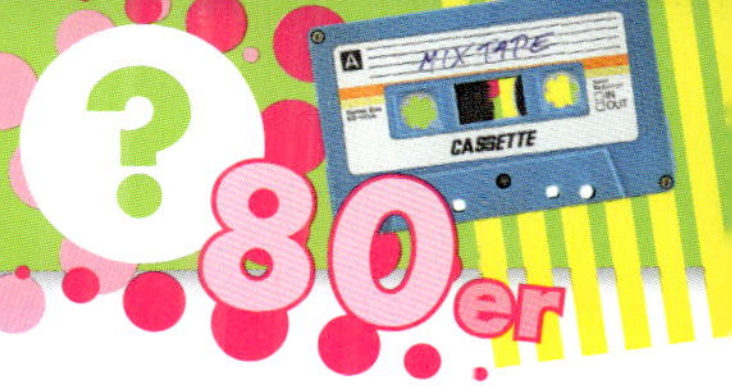

19. Wie hieß der Komponist/Produzent von Modern Talking?

20. Wie hieß der Leadsänger des Erfolgsduos?

21. Und wie hieß die Dame, deren Namen der Modern-Talking-Sänger an einem Goldkettchen um den Hals trug?

22. Peter Schilling feierte 1982 mit der Geschichte eines Astronauten seinen größten Hit – wie hieß der „völlig losgelöste" Held des Liedes?

23. 1982 demonstrierten Trio musikalischen Dadaismus – wie hieß ihr Hit?

24. Welches Kinderinstrument spielte Trio-Sänger Stefan Remmler bei diesem Song?

25. 1983 gelang den Toten Hosen mit „Bommerlunder" ihr erster Kulthit – aus welcher Stadt kommt die Band?

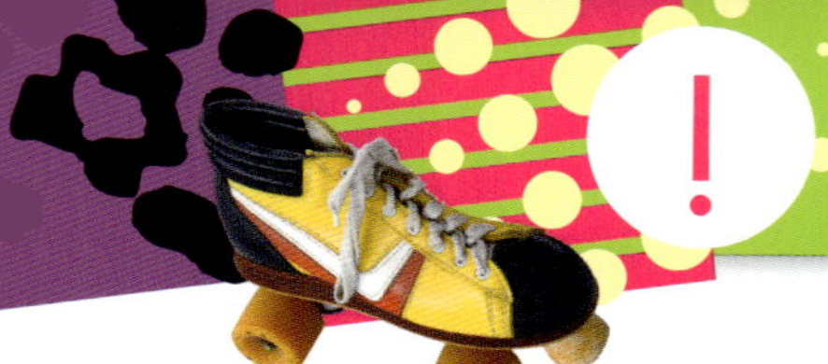

Die richtige Antwort

19. Dieter Bohlen

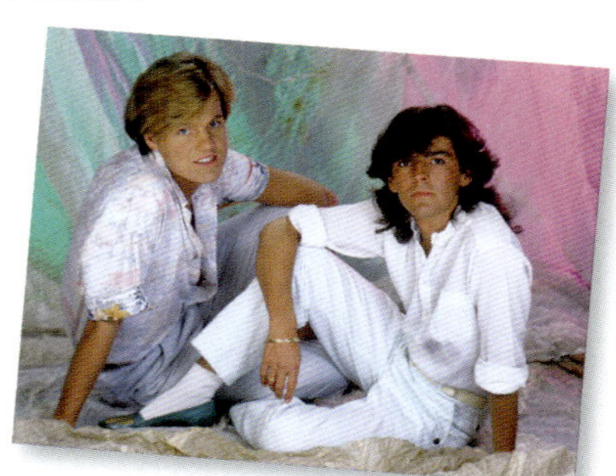

20. Thomas Anders

21. Nora

22. Major Tom

23. „Da Da Da ich lieb dich nicht du liebst mich nicht aha aha aha"

24. Ein Minikeyboard der Firma Casio

25. Düsseldorf

26. Und wie hieß ihr Sänger?

27. Wegen des Songs „Geschwisterliebe" landete das dritte Album eines Berliner Punktrios 1987 auf dem Index – wie hieß die Band?

28. Wie nennen sich die beiden „Oberärzte", die bis heute der Gruppe angehören?

29. Welche bayrische Band berichtete von einem „Skandal im Sperrbezirk"?

30. Welche DDR-Rockband, die 1977 den Klassiker „Am Fenster" veröffentlicht hatte, brachte zehn Jahre später das regimekritische Konzeptalbum „Casablanca" heraus?

31. Wie hieß die deutsche Gruppe, die 1982 mit „The Model" Platz eins der englischen Hitparade eroberte?

32. Mit „Dein ist mein ganzes Herz" kletterte ein Brillenträger 1986 in die deutschen Top Ten – wie heißt der bis heute aktive Sänger?

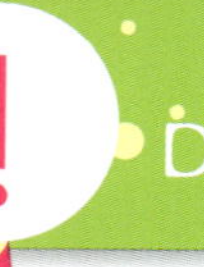

Die richtige Antwort

26. Campino

27. Die Ärzte

28. Bela B und Farin Urlaub

29. Die Spider Murphy Gang

30. City

31. Kraftwerk

32. Heinz Rudolf Kunze

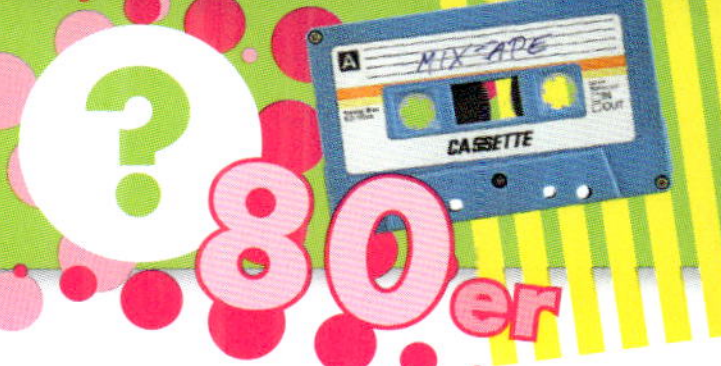

33. Welcher Kölner Sänger mit dem Spitznamen Purple sang 1985 über „Verliebte Jungs"?

34. Welcher bis heute erfolgreiche Schlagersänger landete mit „Santa Maria" 1980 seinen einzigen Nr.-1-Hit?

35. Welches italienische Popduo sang „Santa Maria" im Original?
Al Bano & Romina Power / Oliver Onions / LaBionda

36. Welche Berliner Band empfahl zum Abendessen „Carbonara – e una Coca-Cola"?

37. Mit „Ohne dich (schlaf ich heut Nacht nicht ein)" gelang einer Münchener Band 1985 der Durchbruch. Nach welchem berühmten Platz in der Isarmetropole benannte sich die Gruppe?

38. Aus welchem NDW-Klassiker stammt die Textzeile „Und kost' Benzin auch drei Mark zehn, scheißegal, es wird schon gehen"?

39. Mit „Hello Again" gelang einem bereits etablierten Schlagersänger 1984 sein größter Erfolg – wer war's?

40. Aus welchem Land stammt Howard Carpendale?

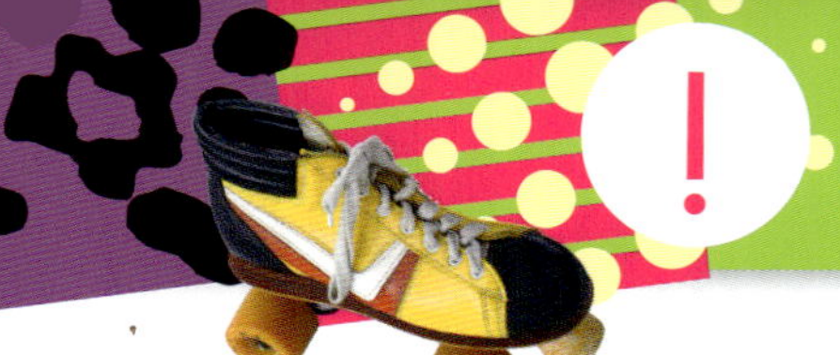

Die richtige Antwort

33. Purple Schulz

34. Roland Kaiser

35. Oliver Onions

36. Spliff

37. Münchner Freiheit (die Band fügte aber ein ‚e' hinzu und nannte sich Münchener Freiheit)

38. „Ich will Spaß" / Markus

39. Howard Carpendale

40. Südafrika

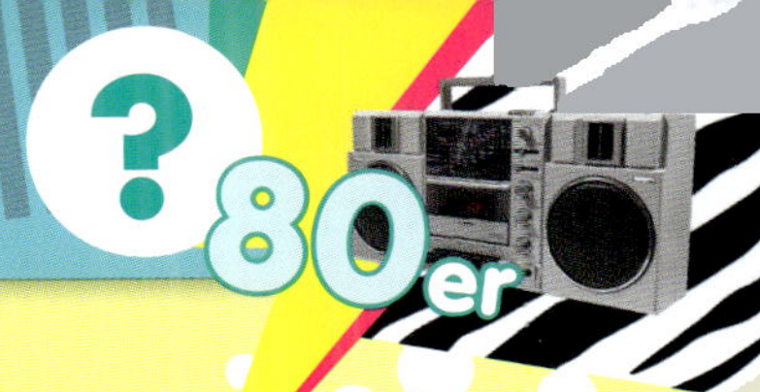

Die Lieblinge der Kids

Auch im angeblichen „Jahrzehnt des schlechten Geschmacks" hatten die Teenager ihre eigenen Favoriten. Allen voran waren das Madonna und Michael Jackson. Aber auch die Stars der NDW wie Nena und Extrabreit, Bands wie Depeche Mode und die New Kids on the Block eroberten die Teenieherzen.

1. Aus welcher amerikanischen Ostküstenmetropole stammten die New Kids on the Block?
   San Francisco / Philadelphia / Boston

2. Zu den Gründungsmitgliedern der NKOTB zählte neben Donnie Wahlberg auch dessen kleiner Bruder, der später als Marky Mark mit The Funky Bunch durchstartete und ein berühmter Schauspieler wurde. Sein Name?

3. Wer galt in den 80ern neben dem „King of Pop" Michael Jackson als unangefochtene „Queen of Pop"?

Die richtige Antwort

1. Boston, Massachusetts

2. Mark Wahlberg

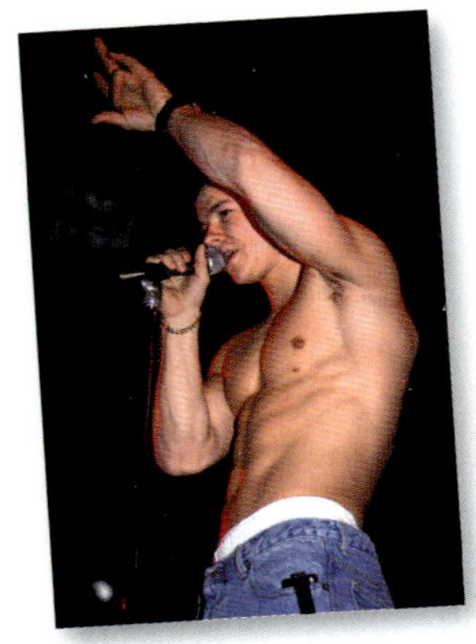

3. Madonna

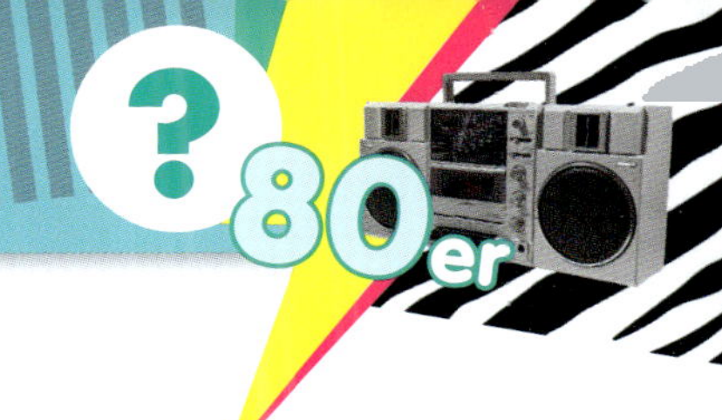

4. Zu den größten Teenstars des Jahrzehnts zählten Depeche Mode. Bis 1994 traten Dave Gahan, Martin Gore und Andrew Fletcher als Quartett auf – wer war der vierte Mann?
Andy Bell / Vince Clarke / Alan Wilder

5. Aus welcher deutschen Landeshauptstadt stammte die Sängerin Sandra?
Augsburg / Saarbrücken / Düsseldorf

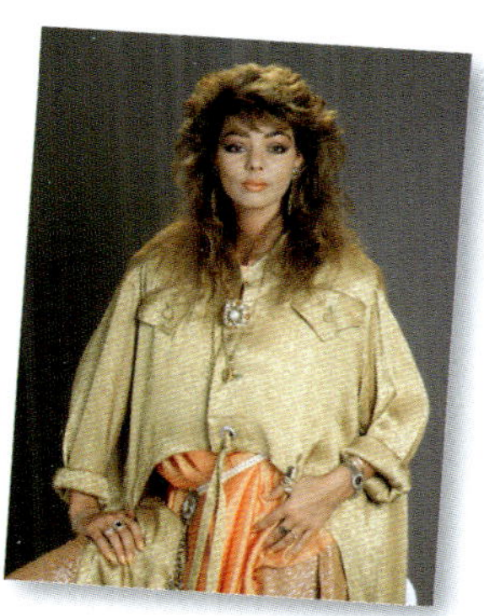

6. Welche deutsche Band kletterte 1984 mit „Irgendwie, irgendwo, irgendwann" auf Platz drei der bundesdeutschen Singlecharts?

7. Nena trug gern T-Shirts mit dem Zungenlogo einer berühmten Rockband – als wessen Fan outete sie sich damit?

8. Für Bravo-Leser war sie „die Frau, die nie lacht". Gemeint war eine blonde Engländerin, die mit Songs wie „Chequered Love" berühmt wurde und auf Fotos tatsächlich kaum je lachte. Ihr Name?

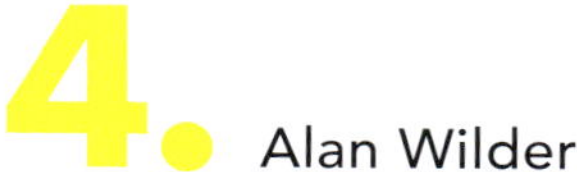

4. Alan Wilder

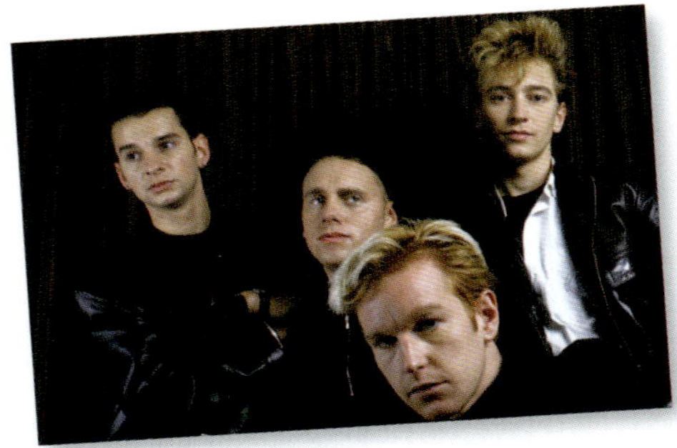

5. Saarbrücken

6. Nena

7. The Rolling Stones (die Vorliebe teilte sie mit ihrem Leib- und Magenfotografen Fryderyk Gabowicz von der Bravo)

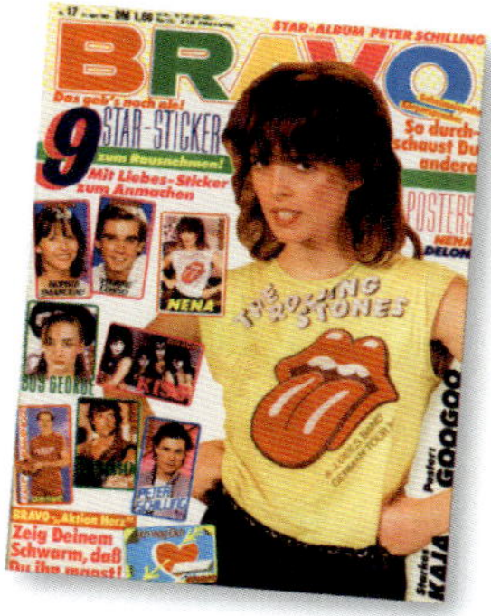

8. Kim Wilde

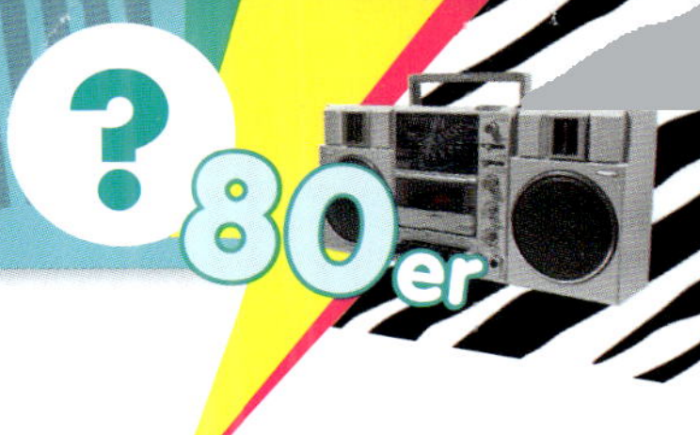

9. Wie hieß die Modern-Talking-Hälfte, die gerne in Trainingsanzügen aus Ballonseide auftrat?

10. In welcher deutschen Stadt war der Sperrbezirk, in dem der von der Spider Murphy Gang besungene Skandal stattfand?

11. Zu den beliebtesten Teenstars gehörten fünf Engländer, die der „New Romantic"-Welle zugeordnet wurden und 1984 mit „The Reflex" bei uns eine Nummer eins schafften. Wer war es?

12. Nur kurz währte die Karriere der Boygroup um die englischen Zwillinge Matt und Luke Goss, die 1988 mit „When Will I Be Famous?" die Teenieherzen eroberte und zwei Jahre später schon wieder weg vom Fenster war – wie hieß die Gruppe?
Bros / Caught in the Act / East 17

13. Über Nacht wurde 1983 mit der Ballade „Jenseits von Eden" ein gutaussehender Deutsch-Italiener berühmt – wie hieß der Sänger?

9. Dieter Bohlen

10. München

11. Duran Duran

12. Bros

13. Nino de Angelo

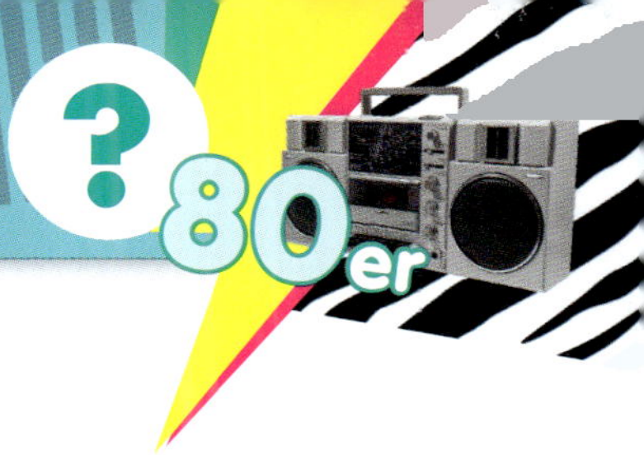

14. Geschrieben hatte das Lied Drafi Deutscher – und der war in den 60er-Jahren bereits selbst ein Teenstar gewesen. Wie hieß sein Monsterhit, der zum Evergreen wurde?

15. Wer ist ein Pet Shop Boy?
Chris Lowe / Nick Lowe / Jim Lowe

16. Welche deutsche Boygroup war die erste, die einen goldenen Bravo-Otto erhielt?

17. Aus welcher bundesdeutschen Stadt kamen die Teens?

18. Die US-amerikanische R&B-Gruppe New Edition war besonders bei Teenagern beliebt. Ihr berühmtestes Bandmitglied heiratete später Whitney Houston. Wer war's?

19. Mit „I Think We're Alone Now" gelang einer gerade 15-jährigen Kalifornierin 1987 der internationale Durchbruch. Wie hieß die Sängerin?

14. „Marmor, Stein und Eisen bricht"

15 Chris Lowe

16. The Teens

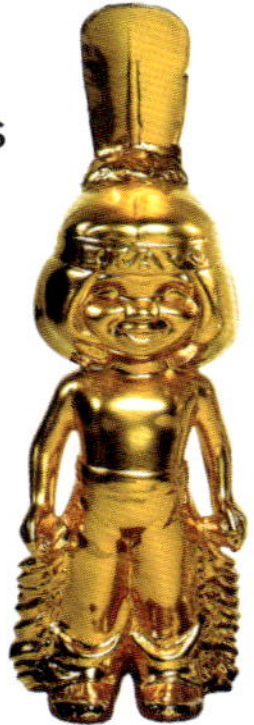

17. Westberlin

18. Bobby Brown

19. Tiffany

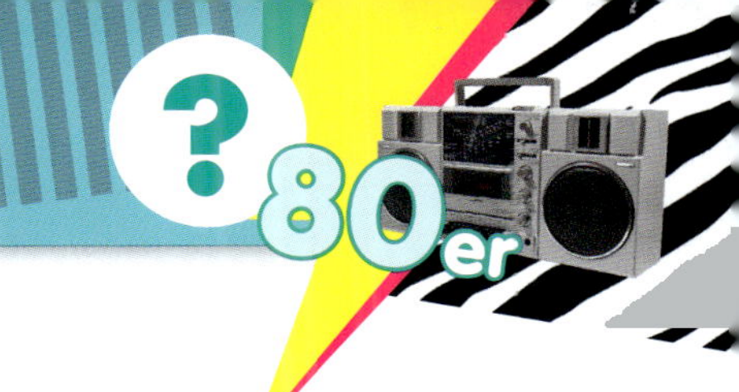

20. Kylie Minogue ersang sich 1988 ihre erste Goldene Schallplatte – mit welchem Hit?

21. Zusammen mit einem britischen Sänger bildete Minogue das Traumpaar der Hitfabrik Stock/Aitken/Waterman – wer war der smarte Beau, der seine Karriere 1987 mit dem Hit „Never Gonna Give You Up" begonnen hatte?

22. 1986 war das große Jahr von Caroline Catharina Müller – wie lautete der Künstlername der blonden Holländerin? C.C. Catch / C. C. Anderson / C. C. Rider

23. Welcher Popstar hatte sie bei einem Talentwettbewerb entdeckt und dann produziert?

24. Welcher deutsche NDW-Star durfte im Musikfilm „Gib Gas – Ich will Spaß!" die männliche Hauptrolle an der Seite von Nena spielen?

25. Im Film singen die beiden eine Ballade, die zum Hit wurde – wie hieß der Titel?

20. „I Should Be So Lucky“

21. Rick Astley

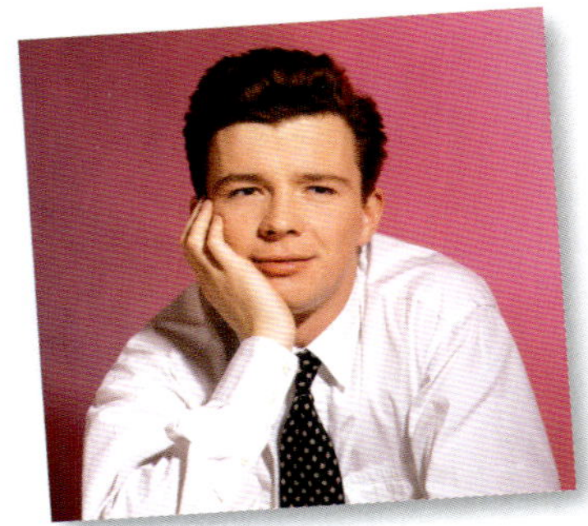

22. C. C. Catch

23. Dieter Bohlen

24. Markus

25. „Kleine Taschenlampe brenn’“

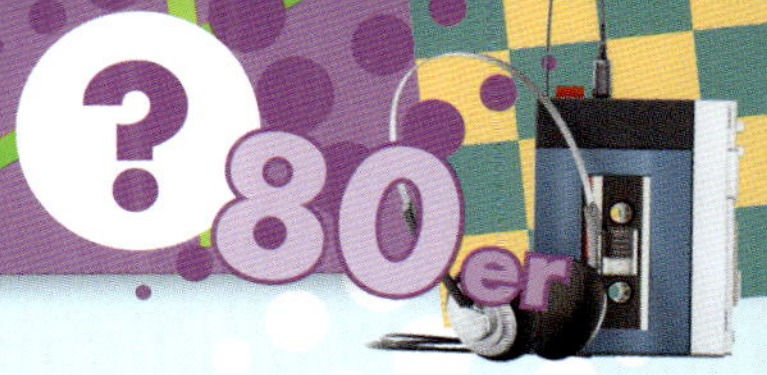

Kommt tanzen!

Nach dem großen Disco-Boom der späten 70er Jahre entschied sich das Schicksal eines Popsongs zunehmend auf der Tanzfläche. Folgerichtig hinterließen uns die 80er einige echte Dancefloor-Klassiker. Erinnern Sie sich an Ross und Reiter?

1. Wie heißt die spektakuläre Tanzfigur, die Michael Jackson am 25. März 1983 erstmals öffentlich vorführte?

2. Welcher englische Rockstar landete 1983 mit „Let's Dance" seinen größten Hit?

3. Am 1. Juli 1989 zogen ein paar Dutzend feierwütige Techno-Fans durch die Westberliner Straßen – wenige Jahre später kamen zu der von Dr. Motte initiierten jährlichen Veranstaltung 1,5 Millionen Menschen zusammen. Wie hieß die Party?

Die richtige Antwort

1. Moon Walk

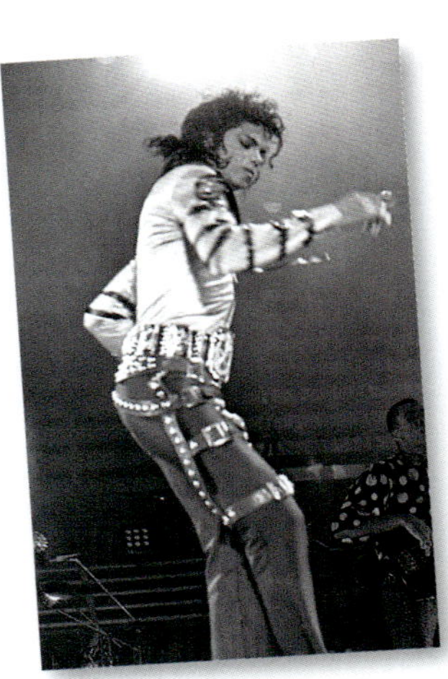

2. David Bowie

3. Loveparade

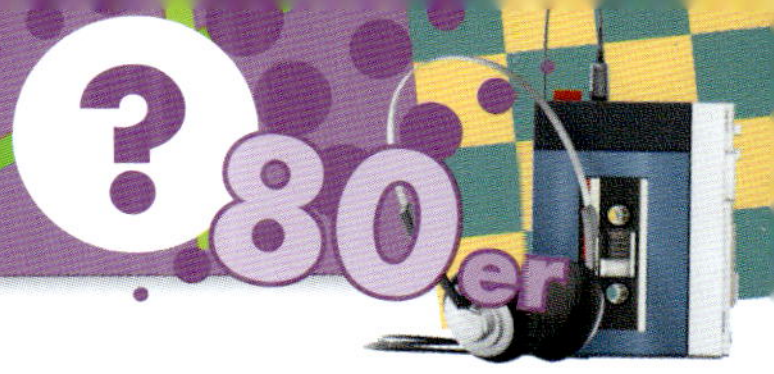

4. Einer der originellsten Disco-Hits der frühen 80er stammte von der New Yorker Gruppe Indeep – der Titel lautete:
„Last Night A DJ ...
... Rocked The House“ / ... Saved My Life“
/ ... Kissed My Girl“

5. Nile Rodgers und Bernard Edwards von Chic schrieben 1980 einer Souldiva den Disco-Hit „Upside Down“ auf den Leib – wer war die Interpretin?

6. Mit dem Remake eines kaum bekannten 60s-Titels gelang Soft Cell einer der größten Dance-Hits des Jahrzehnts – wie hieß der Song?

7. Wie hieß die New Yorker Band, die bei ihrem Auftritt in der „Rockpalast“-Nacht 1981 mit einem Mix aus Swing, Disco, Soul und Latin ganz Europa zum Tanzen brachte?
Buena Vista Social Club / Kid Creole & The Coconuts / Pedro & The Palm Tree Mambos

8. Jennifer Warnes und Bill Medley sangen 1987 den Welthit zum Kinoknüller „Dirty Dancing“. Wie hieß der Song?

4. „Last Night A DJ Saved My Life"

5. Diana Ross

6. „Tainted Love"

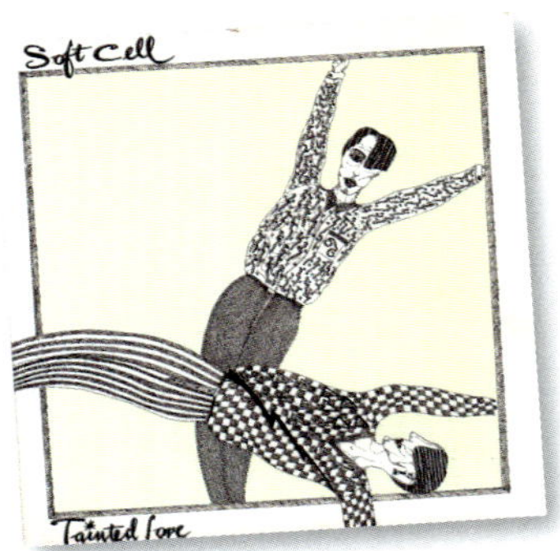

7. Kid Creole & The Coconuts

8. „The Time Of My Life"

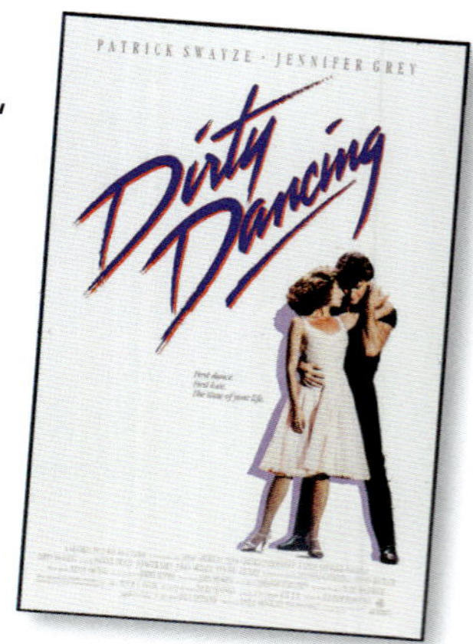

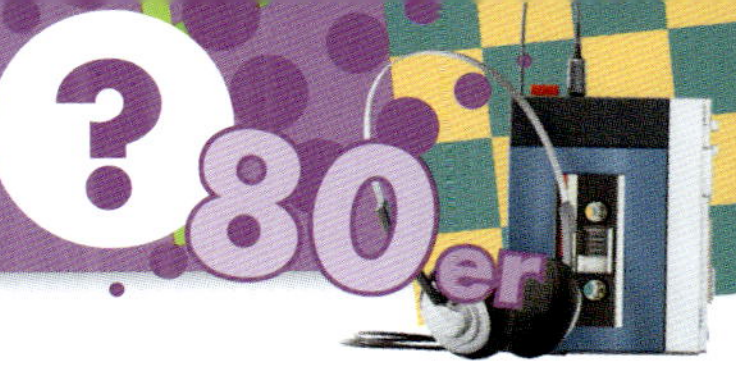

9. „Celebration" war ein Dauerbrenner auf allen Dancefloors – wer sang den Song?

10. Die französische Gruppe Kaoma startete 1989 mit ihrem gutgelaunten Sommerhit eine regelrechte Tanz-Epidemie. Wie heißen Song und dazugehöriger Tanz?

11. Mit seinen Synthesizer-Sounds und Scratching-Passagen wirkte der Instrumentalhit „Rockit" 1983 futuristisch – welcher renommierte Jazzmusiker steckte dahinter?

12. Das belgische Studioprojekt Technotronic leistete 1989 Pionierarbeit in Sachen House und Techno – wie hieß der Track, der aus keinem Club wegzudenken war?

13. Einer der größten Hits der englischen Gruppe Queen überraschte mit einem funky Bass-Riff und wurde zum Diskothekenrenner – wie hieß der Titel?

14. Einer der größten Disco-Hits der 80er Jahre war „Don't Look Any Further" von Dennis Edwards. In welcher Motown-Gesangsgruppe hatte er seine Karriere begonnen?
The Temptations / Four Tops / The Miracles

9. Kool & The Gang

10. „Lambada“

11. Herbie Hancock

12. „Pump Up The Jam“

13. „Another One Bites The Dust“

14. The Temptations

Leder, Nieten, Föhnfrisuren

Zu Beginn des Jahrzehnts erhielt auch der gute alte Hardrock eine Frischzellenkur: Durch England schwappte die New Wave Of British Heavy Metal, und in den USA lärmten Glam- und Thrash-Metaller. Auch modisch wurden neue Akzente gesetzt – die einen rockten in Leder & Nieten, die anderen mit Leggins & Monstermähne ...

1. Wie heißt die deutsche Band, die mit der Ballade „Still Loving You" einen internationalen Hardrock-Klassiker schuf?

2. Mit ihrem legendären Livealbum „No Sleep, Til Hammersmith" gelang Motörhead ihre erste und einzige Nummer eins in England. Wie hieß der Bassist und Sänger der Band?

3. Zu Beginn des Jahrzehnts fegte eine Welle neuer Hardrockbands durch das britische Königreich. Zu ihnen zählten Iron Maiden, Judas Priest, Saxon, Def Leppard und andere. Zusammengefasst wurde die Szene als NWOBHM – wofür stand das Kürzel?

1. Scorpions

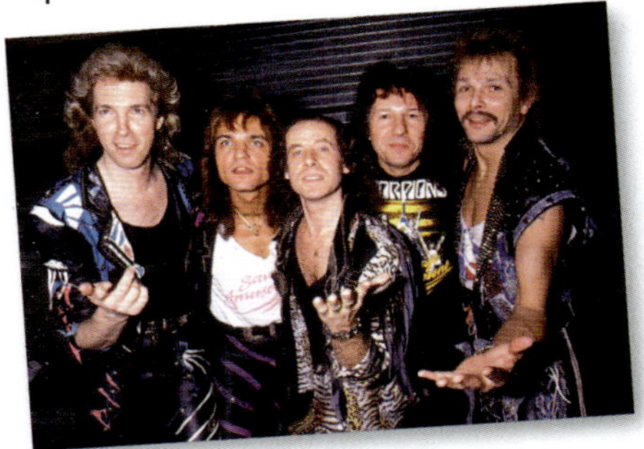

2. Lemmy Kilmister

3. New Wave of British Heavy Metal

4. Judas Priest entlehnten ihren Leder & Nieten-Look der Schwulenszene und schufen so den bis heute gültigen Standard in Sachen Metal-Outfit. Wie hieß ihr Sänger mit dem Beinamen „Metal God"?

5. Wie hieß das Album, mit dem Judas Priest 1980 maßgeblich die NWOBHM lostraten? „British Wheel" / „British Feel" / „British Steel"

6. Welche NWOBHM-Band etablierte mit ihrem Debütalbum ihr berühmtes, bis heute unverzichtbares Maskottchen Eddie?

7. 1986 schaffte die kalifornische Metalband um James Hetfield mit dem Album „Master Of Puppets" den internationalen Durchbruch. Wie heißt die Gruppe?

8. Slayer, Metallica, Megadeth und Anthrax gelten als „die großen Vier" des Thrash Metal. Wie lautet folglich der englische Name dieses exklusiven Clubs?

9. Sie hatten zwar kaum Hits, dafür aber genossen sie Kultstatus als Stars des Glam-Metal. Wie nannten Tommy Lee, Nikki Sixx, Vince Neil und Mick Mars ihre Band?

10. Wem gelang mit „Sweet Child O' Mine" gleich zum Start ihrer Laufbahn ein Welthit?

4. Rob Halford

5. „British Steel"

6. Iron Maiden

7. Metallica

8. The Big Four

9. Mötley Crüe

10. Guns N' Roses

11. Wie hieß ihr Sänger?

12. Und welche Accessoires machten ihren Gitarristen Slash unverwechselbar?

13. Mit „You Give Love A Bad Name" und „Livin' On A Prayer" landete eine Hardrockband aus New Jersey 1986 gleich zwei Nr.-1-Hits in den USA – wer war's?

14. Wie heißt der Frontmann dieser bis heute erfolgreichen Hardrock-Institution?

15. Welcher legendäre englische Sänger startete 1980 mit dem Megaseller „Blizzard Of Ozz" seine Solokarriere?

16. Und welcher US-Rocker, der zuvor bei Rainbow sang, nahm 1980 auf dem Black-Sabbath-Album „Heaven And Hell" den Platz am Mikrofon ein?

17. Die berühmte „Mk. II"-Besetzung welcher englischen Band feierte 1984 mit dem Album „Perfect Strangers" ein erfolgreiches Comeback?

18. Welchen Rockklassiker hatten Deep Purple nicht in der „Mk. II"-Besetzung eingespielt? „Black Night" / „Woman From Tokyo" / „Burn"

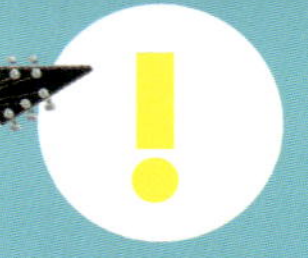

11. Axl Rose

12. Zylinder, Zigarette und blickdichte schwarze Lockenmähne

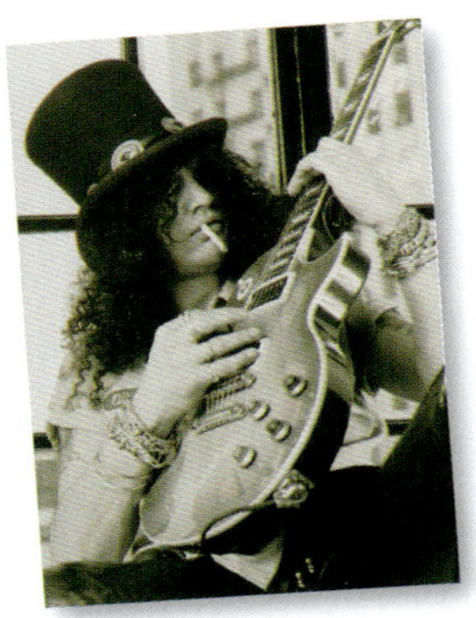

13. Bon Jovi

14. John Bongiovi

15. Ozzy Osbourne

16. Ronnie James Dio

17. Deep Purple

18. „Burn“

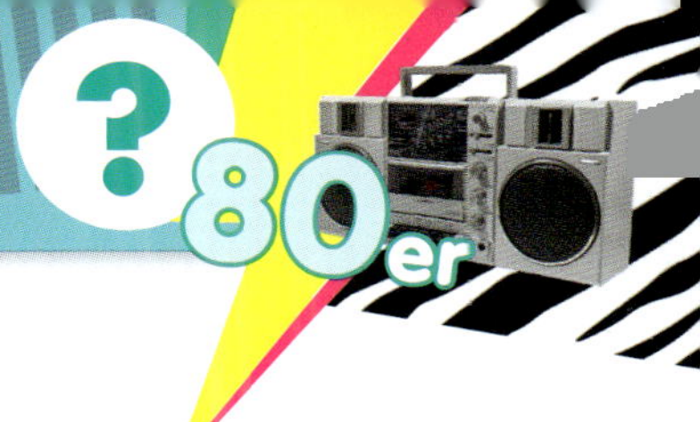

19. David Coverdale, der auch mal bei Deep Purple gesungen hatte, war seit den späten 70ern mit Whitesnake höchst erfolgreich. Wie hieß die Ballade, mit der Whitesnake 1987 die einzige Nr.-1 in den USA gelang?

20. Warum lösten sich Led Zeppelin 1980 auf?

21. Mit welchem Instrument wurden in den 80ern Randy Rhoads, Yngwie Malmsteen und Eddie Van Halen berühmt?

22. Sie waren Englands einzige reine Mädchen-Metalband und feierten 1981 mit der gemeinsam mit Motörhead aufgenommenen EP „St. Valentine's Day Massacre" ihren größten Erfolg – ihr Name?

23. Mit Hitsongs wie „Angel", „Love In An Elevator" und „Janie's Got A Gun" wurden die Mannen um Steven Tyler zu Superstars des 80s-Rock. Ihr Name?

24. Van Halen waren die Väter der kalifornischen Glam-Metalszene. 1984 gelang ihnen ein Song, der weltweit die Popcharts eroberte – wie hieß die Single?

19. „Here I Go Again“

20. Weil Drummer John Bonham gestorben war und die Band ihn für unersetzlich hielt.

21. Alle drei spielten Gitarre und gelten als Neuerer.

22. Girlschool

23. Aerosmith

24. „Jump“

25. Und wie hieß der charismatische Leadsänger von Van Halen, der den Spitznamen „Diamond Dave“ trug?

26. Einen der größten Hits der Glam-Metal-Ära landeten Europe mit „The Final Countdown“. Woher kam die Band um Sänger und Teenieschwarm Joey Tempest?

27. In der zweiten Hälfte der 80er mutierte Glam-Metal zum Hair-Metal. Was verband Hair-Metalbands wie Poison, Cinderella, Great White und Warrant optisch miteinander? bunte Leggins / martialische Halsketten / monströse Haarmähnen

28. Wie heißen die zwei Brüder, die von Anfang an die Geschicke der australischen Hardrocker AC/DC lenkten?

29. Auch deutsche Bands ließen mit international konkurrenzfähigem Hardrock & Metal aufhorchen. Zum Beispiel Warlock, deren blonde Sängerin aus Düsseldorf kam und sich den Beinamen „Queen of Metal“ verdiente – ihr Name?

30. Auch die Solinger Metalband Accept verschaffte sich international Gehör. Wie hieß ihr Sänger, der 1987 ausstieg und mit U.D.O. eine neue Formation gründete?

25. David Lee Roth

26. Schweden

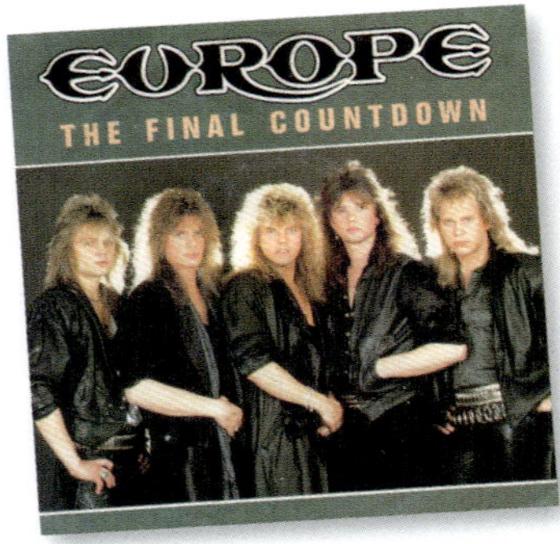

27. Alles drei natürlich!

28. Angus und Malcolm Young

29. Doro Pesch

30. Udo Dirkschneider

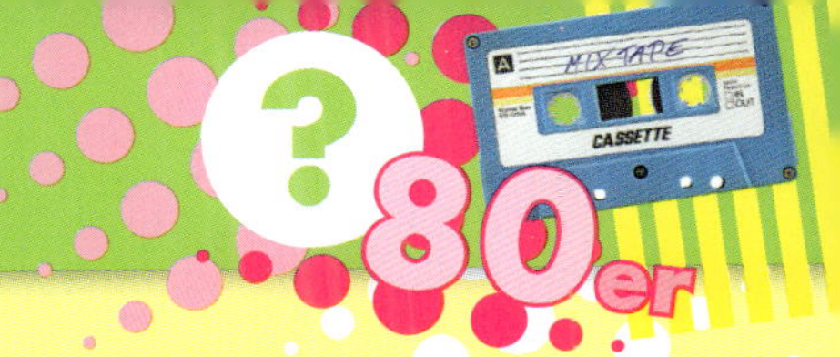

Wir sind die Welt

Der 13. Juli 1985 wurde zum Meilenstein: Mit Bob Geldofs „Live Aid"-Spektakel ging in London und Philadelphia die bis heute größte Charity-Aktion der Popgeschichte über die Bühne. Das Staraufgebot reichte von Madonna und Queen bis zu Status Quo und Bob Dylan.

1. Welche englischen Musiker organisierten „Live Aid"?

2. Wie hieß Geldofs Band, die 1979 mit der Hitsingle „I Don't Like Mondays" bekannt geworden war?

3. Welche humanitäre Katastrophe war der Anlass für „Live Aid"?

4. Zu Weihnachten 1984 war bereits eine englische Charity-Single für die hungernden Kinder in Afrika erschienen, die wochenlang Platz eins der Charts belegte – wie hieß der Song?

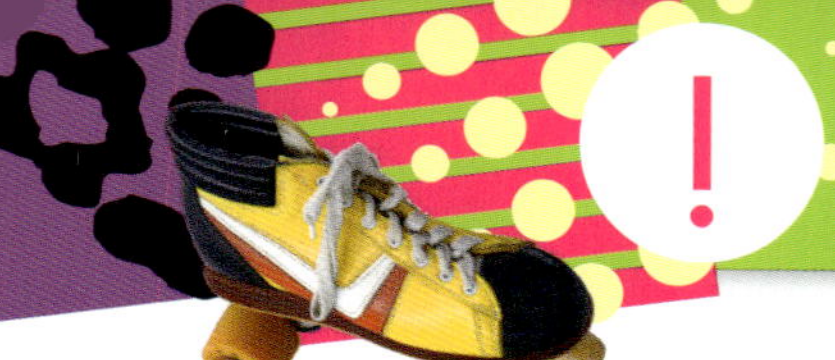

Die richtige Antwort

1. Bob Geldof und Midge Ure

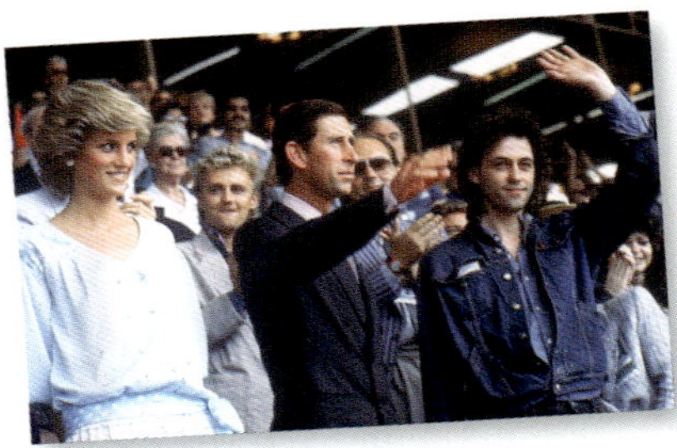

2. The Boomtown Rats

3. Eine verheerende Hungersnot in Äthiopien

4. „Do They Know It's Christmas"

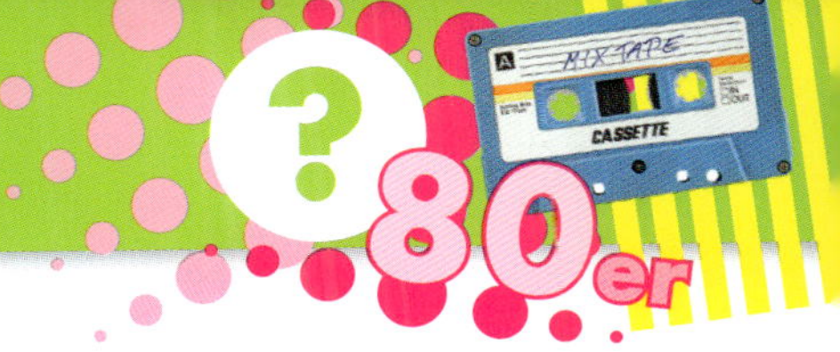

5. Die amerikanischen Kollegen folgten wenig später mit ihrem Projekt „USA for Africa" und der Single „We Are The World". Welcher Superstar schrieb den Song gemeinsam mit Lionel Richie?

6. Die „Live Aid"-Konzerte wurden in 150 Länder übertragen und von ca. 1,9 Milliarden Menschen live verfolgt. Wie viel Prozent der Weltbevölkerung waren das damals?
20 % / 30 % / 40 %

7. Wo stand die neben dem Londoner Wembley Stadion zweite große „Live Aid"-Bühne?
New York / Chicago / Philadelphia

8. Welche Band eröffnete das „Live Aid"-Konzert am 13. Juli 1985 um Punkt 12.00 Uhr MEZ in London mit ihrem Welthit „Rocking All Over The World"?

9. Welcher Sänger riss Tina Turner während des Songs „It's Only Rock'n'Roll" in Philadelphia den Lederrock von den Hüften?

10. Wen begleiteten Keith Richards und Ron Wood auf der „Live Aid"-Bühne statt ihres Rolling-Stones-Kollegen Mick Jagger?

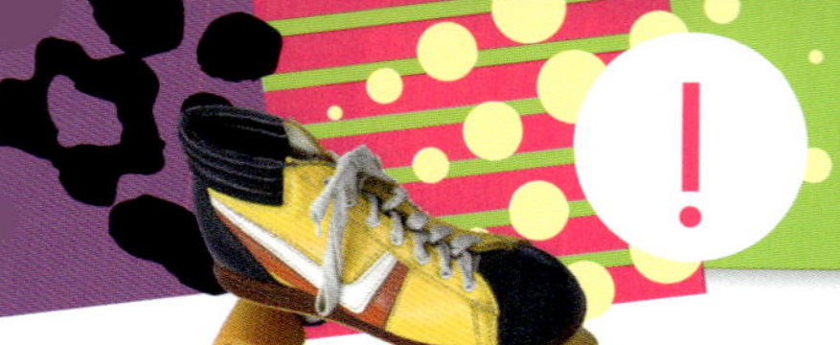

5. Michael Jackson

6. 40 %

7. Philadelphia

8. Status Quo

9. Mick Jagger

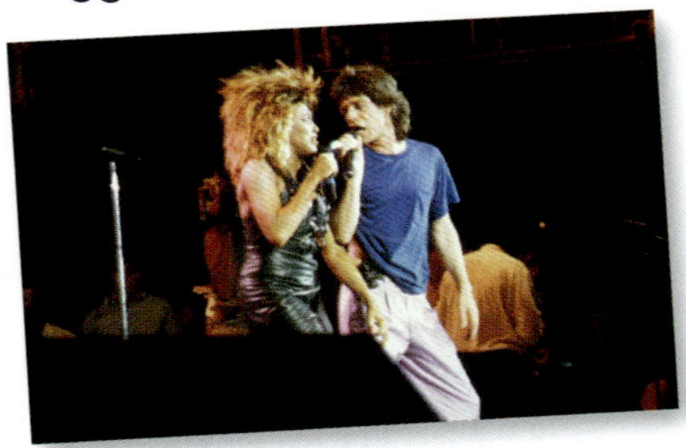

10. Bob Dylan

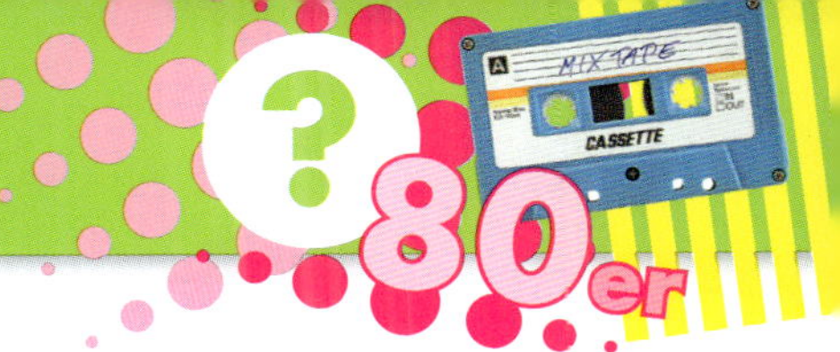

11. Welcher berühmte Drummer und Sänger jettete direkt nach seinem Londoner Auftritt mit der Concorde in die USA, um wenige Stunden später in Philadelphia seinen zweiten „Live Aid"-Auftritt hinzulegen?

12. Der Auftritt welcher englischen Band gilt als der beste und eindrucksvollste des gesamten „Live Aid"-Programms?

13. In welchem Blockbuster-Biopic aus dem Jahr 2019 spielt dieser Auftritt eine zentrale Rolle?

14. Und welcher Schauspieler, der später für seine Leistung mit dem Oscar ausgezeichnet wurde, spielte darin die Hauptrolle?

15. Neben Crosby, Stills, Nash & Young und The Who tat sich für „Live Aid" eine weitere legendäre Rockband wieder zusammen – welche?
Rolling Stones / Pink Floyd / Led Zeppelin

16. Mit welchem thematisch passenden Rockklassiker schloss David Bowie seinen Auftritt in London ab?

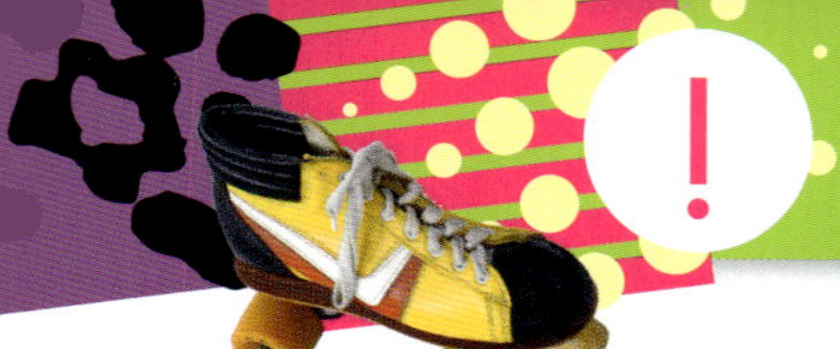

Die richtige Antwort

11. Phil Collins

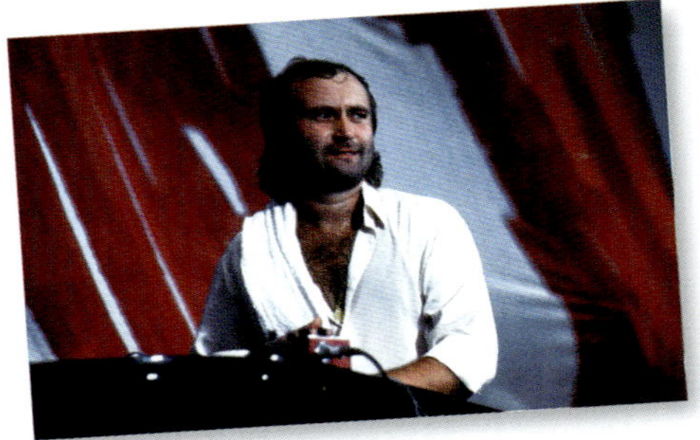

12. Queen

13. „Bohemian Rhapsody"

14. Rami Malek

15. Led Zeppelin

16. „Heroes"

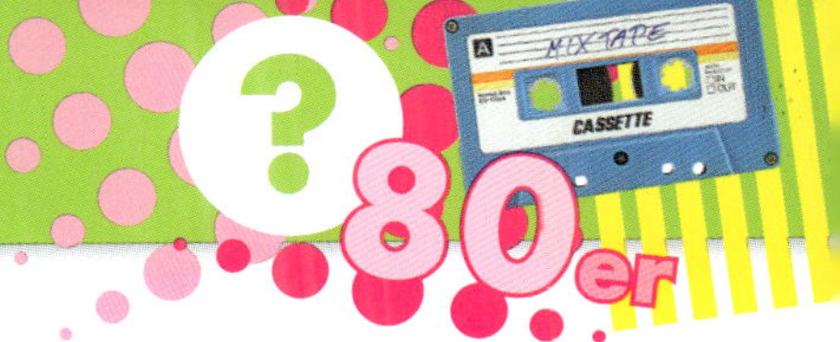

17. Welche legendäre Metalband trat in London erstmals seit 1978 wieder in Originalbesetzung auf, also mit ihrem ehemaligen, inzwischen erfolgreich solo arbeitenden Leadsänger?

18. Welche klassische Beatles-Ballade spielte Paul McCartney an diesem Tag?
„Hey Jude" / „Yesterday" / „Let It Be"

19. Der Vorschlag, dieses Festival zu veranstalten, stammte von Boy George, der dann doch nicht auftrat.
Wie hieß seine Band?

20. Zwei damalige schwarze Superstars traten bei „Live Aid" nicht auf – welche?

21. Wie viel Geld brachte „Live Aid" unterm Strich für die Hungerhilfe in Afrika ein?
82 Mio. Euro / 182 Mio. Euro / 18,2 Mio. Euro

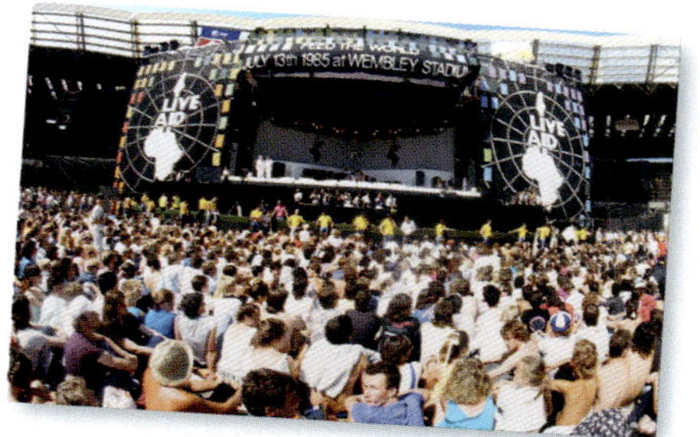

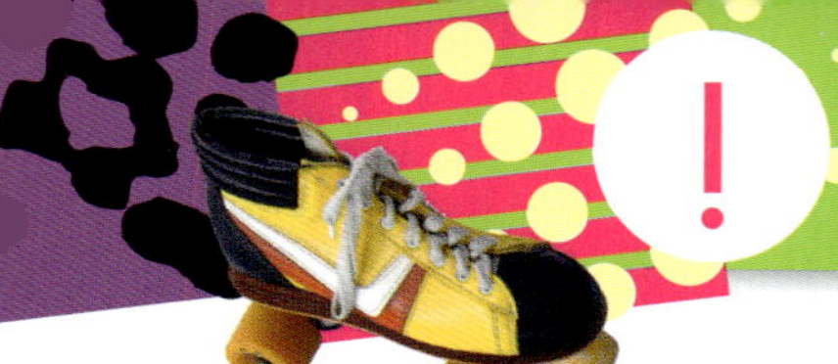

Die richtige Antwort

17. Black Sabbath

18. „Let It Be“

19. Culture Club

20. Michael Jackson und Prince

21. 182 Mio. Euro

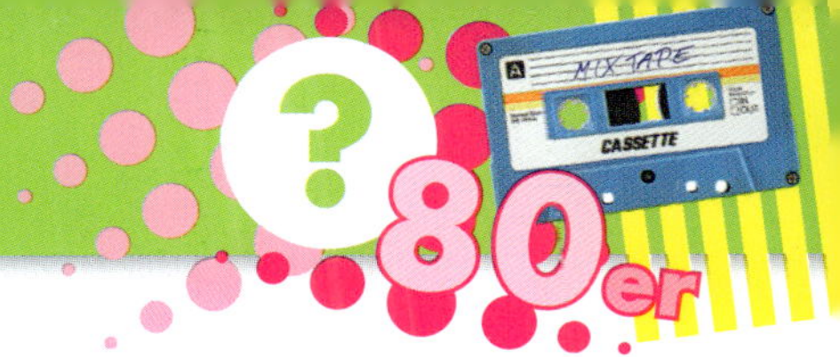

22. Auch in der Bundesrepublik Deutschland engagierten sich Musiker. Unter dem Projektnamen „Band für Afrika" brachten auch sie eine Charity-Single heraus – ihr Titel?

23. Im Jahr 2005 gab es mit „Live 8" eine Neuauflage von „Live Aid". Diesmal fanden die Konzerte an zehn Orten der G8-Mitgliedstaaten sowie in Südafrika statt. Veranstaltet wurde das Event vom inzwischen geadelten Sir Bob Geldof und dem Sänger von U2 – wie ist sein Name?

24. Durch welchen als sensationell erachteten Auftritt blieb das Londoner „Live 8" Konzert für Rockfans vor allem in Erinnerung?

25. Wenige Monate nach „Live Aid" organisierten Willie Nelson und John Mellencamp in den USA ein Festival zugunsten der notleidenden Landwirtschaft, das seitdem bis 2005 jährlich stattfand und zur Institution wurde. Wie heißt das Festival?
Cotton Aid / Farm Aid / Tractor Aid

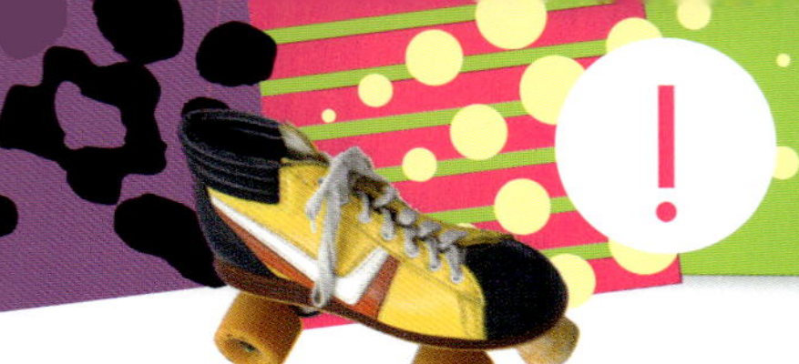

Die richtige Antwort

22. „Nackt im Wind“

23. Bono

24. Pink Floyd absolvierten dort ihren ersten und letzten Auftritt mit Roger Waters seit 1981.

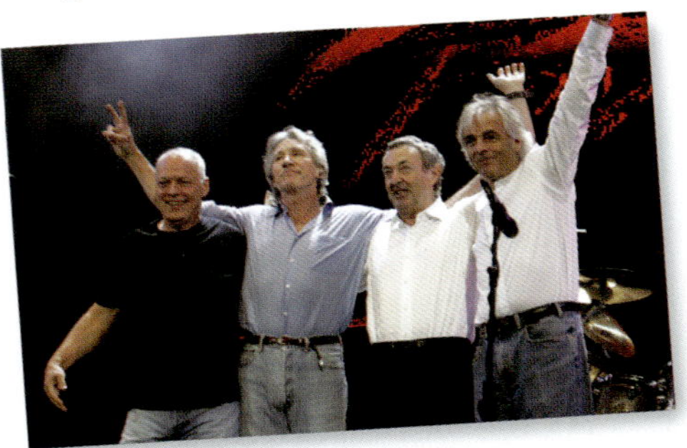

25. Farm Aid

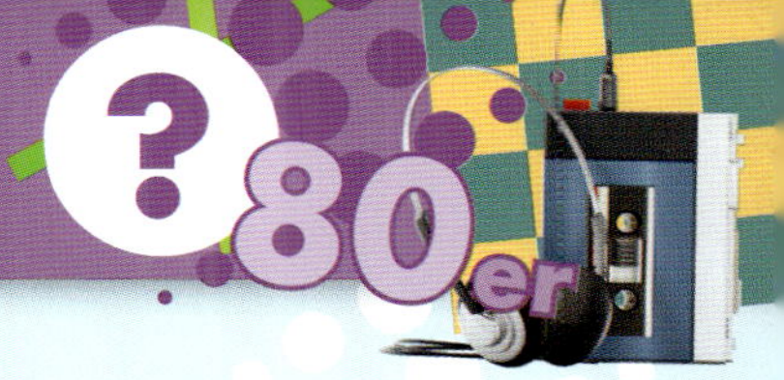

Video Killed The Radio Star

Endlich bekamen wir unsere Pophelden auch zu sehen – via Mattscheibe: 1981 ging MTV auf Sendung. Fortan gab es immer öfter den Clip zum Hit. Einige davon wurden berühmt und setzten Maßstäbe für das junge Genre, das in den folgenden zwei Jahrzehnten seine Blütezeit erlebte.

1. MTV startete seinen Sendebetrieb in den USA am 1. August 1981. Welcher Song mit programmatischem Titel war der erste gesendete Videoclip?

2. Am 2. Dezember 1983 feierte auf MTV ein revolutionäres Video Premiere. Es präsentierte Michael Jackson in der Hauptrolle, war 13 Minuten lang und einigermaßen gruselig – sein Titel?

3. In welcher deutschen TV-Video-Show wurde „Thriller" im Januar 1984 zum ersten Mal in voller Länge ausgestrahlt, aus Gründen des Jugendschutzes jedoch erst nach 22 Uhr?

1. „Video Killed The Radio Star“ / The Buggles

2. „Thriller“

3. Formel Eins

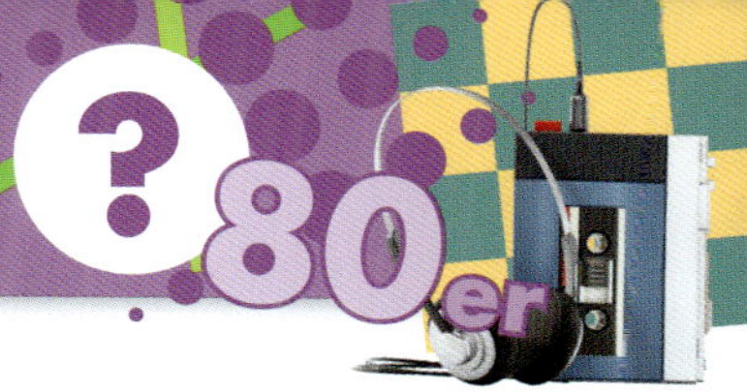

4. „Thriller" war der bis dahin aufwändigste und teuerste Videoclip der Popgeschichte – was hat der Film gekostet?
0,5 Mio. $ / 1,5 Mio. $ / 15 Mio. $

5. Als Queen 1984 das Video zu ihrer Single „I Want To Break Free" veröffentlichten, wurde der Clip von MTV kurioserweise zunächst abgelehnt, da man den Auftritt der Band in Frauenkleidern für anstößig hielt. Welche Rolle spielte Freddie Mercury im Video?

6. Am 31. Oktober 1989 startete MTV seine „Unplugged"-Reihe mit einem Konzert der englischen Band Squeeze. Welcher Ex-Beatle war der erste Musiker, der sein „MTV Unplugged"-Konzert auf Platte veröffentlichte?

7. Und welche englische Gitarrenlegende gewann mit ihrem „Unplugged"-Album 1993 sechs (!) Grammys?

8. Welcher englische Gentleman-Rocker ließ sich im Videoclip zu seinem Hit „Addicted To Love" von einer schwarzgekleideten Damenkapelle begleiten?
Robert Palmer / Robert Redford / Robert Smith

4. 0,5 Mio. $

5. Mercury spielte eine staubsaugende Hausfrau.

6. Paul McCartney

7. Eric Clapton

8. Robert Palmer

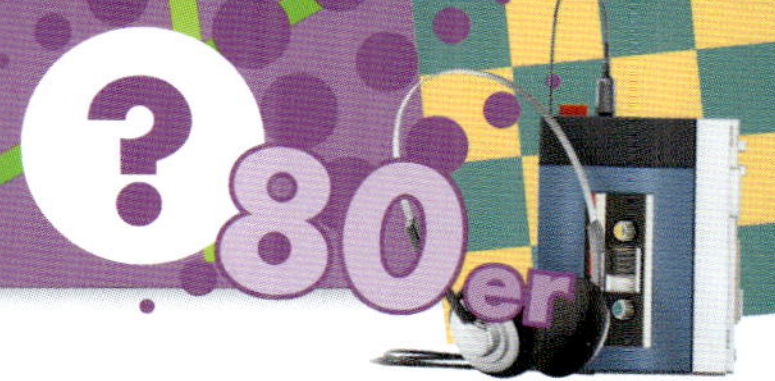

9. Iggy Pops Beziehung zu einer Vietnamesin inspirierte David Bowie zu einem seiner größten Hits, inklusive spektakulärem Video. Wie hieß der Song, der die Herkunft des Mädchens aber nach China verlegte?

10. Welche englische Band ließ im Clip zu ihrem Song „Land Of Confusion" die Puppen der erfolgreichen Satire-TV-Show „Spitting Image" tanzen?

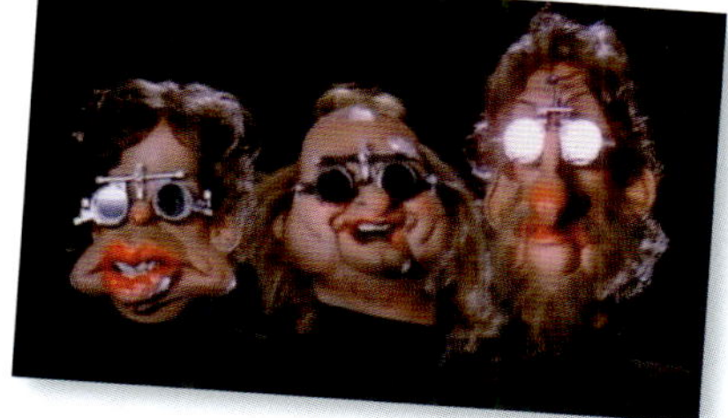

11. Ein weiteres Video von Genesis wurde weltberühmt durch die ungelenken Tanzbewegungen der Musiker – wie hieß der dazugehörige Song?

12. Welches US-Rap-Trio feierte mit dem Partykracher „(You Gotta) Fight For Your Right To Party)" und dem dazugehörigen Chaos-Clip 1987 seinen Durchbruch?

13. 1986 verhalfen die Rapper von Run DMC den US-Rockern Aerosmith mit dem Remake eines von deren 70er-Hits zu einem überraschenden Comeback. Wie hieß der Song?

9. „China Girl"

10. Genesis

11. „I Can't Dance"

12. Beastie Boys

13. „Walk This Way"

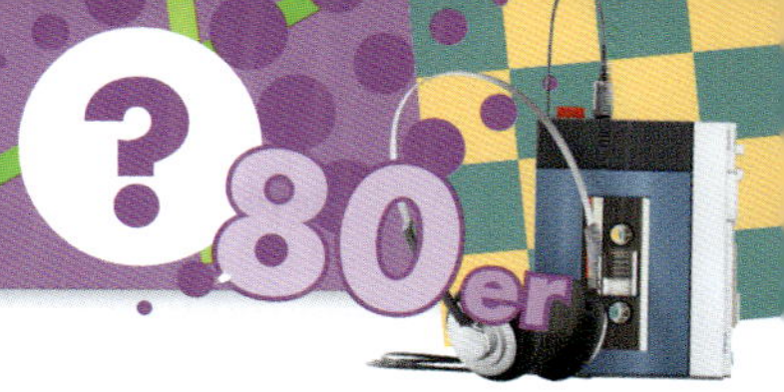

14. Berühmt wurde ein Video von Peter Gabriel, in dem er eine Modelleisenbahn um seinen Kopf kreisen ließ – wie hieß der Hit zum Video?

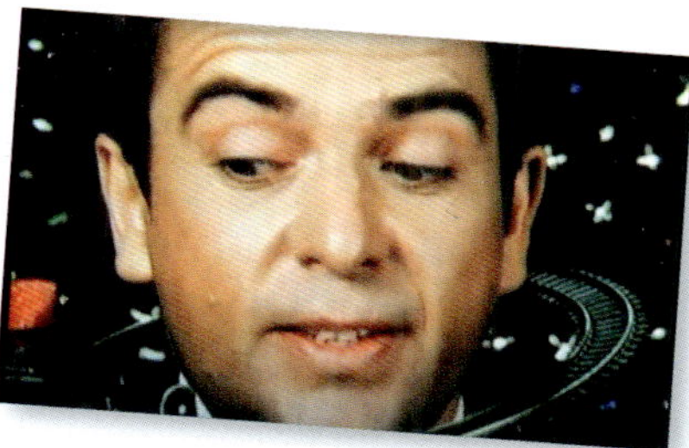

15. Im Videoclip zu „Dancing In The Dark", der die E Street Band auf der Bühne zeigte, holte Bruce Springsteen eine damals noch unbekannte 19-jährige US-Schauspielerin auf die Bühne, um mit ihr zu tanzen – wer war's?
Julia Roberts / Angelina Jolie / Courteney Cox

16. Welche norwegische Band wurde 1984 mit dem als Schwarzweiß-Cartoon gestalteten Film zu ihrer Debütsingle „Take On Me" über Nacht weltberühmt?

17. Welche australische Sängerin betätigte sich 1981 im Video zu ihrem Gassenhauer „Physical" als Fitnesstrainerin?

18. Welchen Song, der von einem Stalker handelte, inszenierten The Police in kühlem Schwarzweiß?

14. „Sledgehammer"

15. Courteney Cox

16. a-ha

17. Olivia Newton-John

18. „Every Breath You Take"

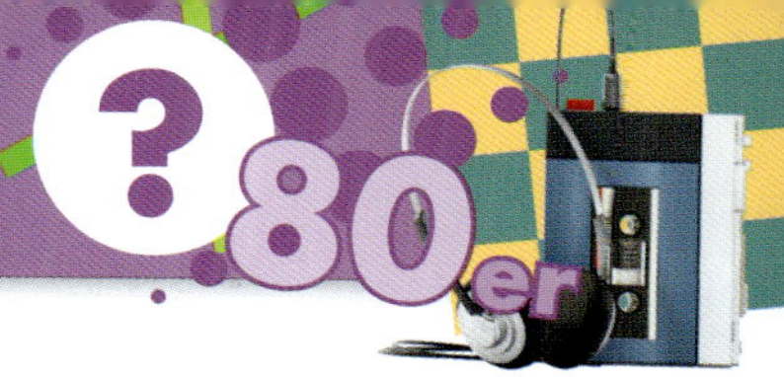

19. Welcher US-Rocker gab im Clip zu „Don't Come Around Here No More" den Mad Hatter aus „Alice in Wonderland" und verspeiste dabei eine zum Kuchen mutierte Frau?

20. Für einen Song der englischen Dire Straits setzte Regisseur Steve Barron auf Animations-Elemente und schuf so eines der berühmtesten Videos der MTV-Ära. Wie hieß der Song?

21. Welches berühmte US-Model stand Pate für Billy Joels Hit „Uptown Girl", trat auch im dazugehörigen Videoclip auf und wurde später seine Ehefrau?
Linda Evangelista / Christie Brinkley / Naomi Campbell

22. Welche US-Sängerin provozierte die katholische Kirche im Video zu „Like A Prayer" so sehr, dass der Clip bei MTV USA gar nicht und in Europa nur nachts ausgestrahlt wurde?

23. Wer war der erste Moderator der bundesdeutschen TV-Musikshow „Formel Eins"?
Ingolf Lück / Peter Illmann / Kai Böcking

24. Wer sang „The Power Of Love" aus dem Kinohit „Zurück in die Zukunft"?

19. Tom Petty

20. „Money For Nothing"

21. Christie Brinkley

22. Madonna

23. Peter Illmann

24. Huey Lewis & The News

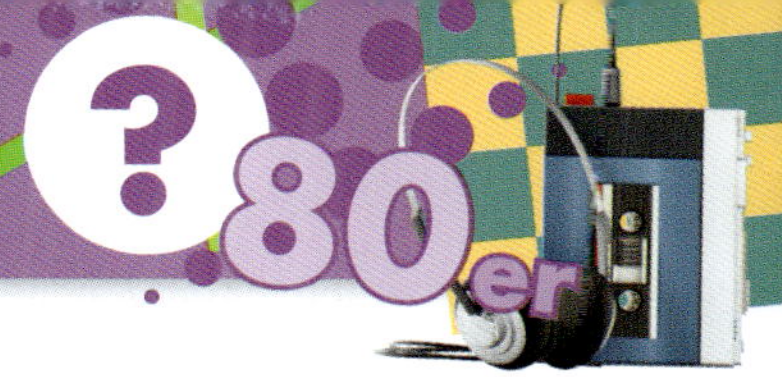

25. Der 1982 für den Hit „I'm Still Standing" an der Côte d'Azur gedrehte Videoclip wurde 2019 als Schlusssequenz für den biografischen Kinofilm „Rocketman" verwendet. Welcher britische Sänger wird darin porträtiert?

26. Dank eines Werbespots der Jeansfirma Levi's landete der US-Sänger Sam Cooke im Sommer 1986, ganze 22 Jahre nach seinem Tod, noch einmal auf vorderen Charträngen – wie hieß sein Song?

27. Wann wurde der deutsche MTV-Konkurrenzsender Viva gegründet?
1989 / 1991 /1993

28. Welches berühmte Prince-Video zeigte lediglich den grafisch animierten Songtext?

29. Einer von Kate Bushs schönsten Videoclips handelte von einer fantastischen Regenmaschine – wie hieß der Song?

30. In welchem Videoclip sperrten sich The Cure in einen Kleiderschrank, mit dem sie vom Kreidefelsen bei Beachy Head hinab ins Meer purzelten?

25. Elton John

26. „Wonderful World"

27. 1993

28. „Sign O' The Times"

29. „Cloudbusting"

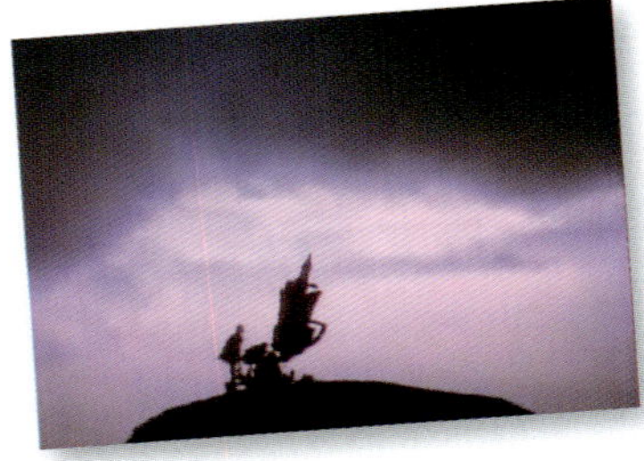

30. „Close To Me"

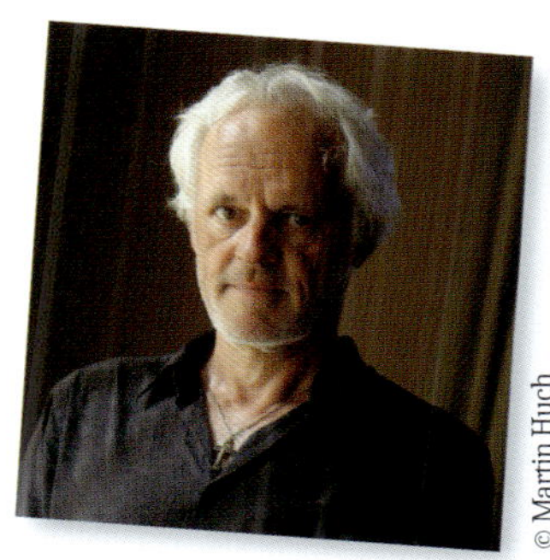
© Martin Huch

DER AUTOR

Ernst Hofacker begann in den 1980er Jahren als Popreporter, ging dann zur „Bravo“, zum „Musikexpress“ und zum „Rolling Stone“. Seit 2010 arbeitet er als freier Autor. Zu seinen wichtigsten Büchern gehören die Standardwerke „1967 – als Pop unsere Welt für immer veränderte“ und „Die 70er. Der Sound eines Jahrzehnts“ (beide Reclam). Nicht zu vergessen: „Rolling Stones für Klugscheißer“ (Klartext Verlag). Hofacker lebt in Münster.

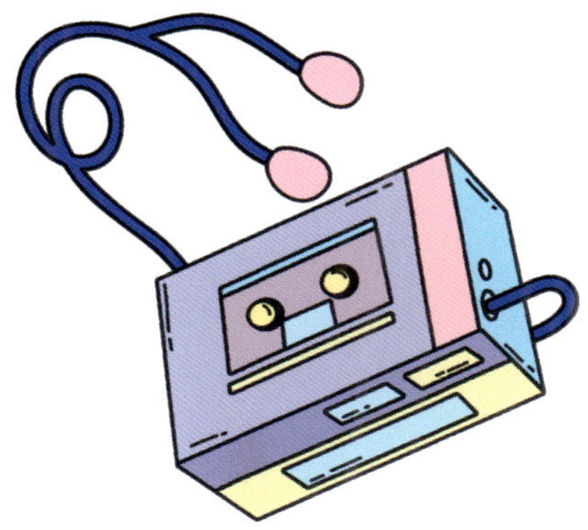

BILDNACHWEIS

Bauer Media Group/BRAVO: 134; Getty Images: Fin Costello: 113; Paul Natkin: 52; frederic meylan: 62; SOPA Images: 70; Imago Images: BRIGANI-ART: 144; Cinema Publishers Collection: 92; Future Image/L. v. Sant-George: 130 o.; Mary Evans/AF Archive: 88; Mary Evans/ Archive Paramount: 58; Everett Collection: 140 u.; Leemage/Farabola: 80; Media Punch: 28; Media Punch/Kevin Estrada: 74; PA Images/David Jensen: 90; Publishers Collection: 29; teutopress: 68 u.; TT/Lars Sjögren: 32; United Archives: 14, 23; United Archives International: 24; YAY Images/mr. doomits: 6–24, 68–76, 94–104, 116–126, 154–162; ZUMA Press: 42, 50, 84, 96, 128, 138, 148, 156, 158; picture alliance: 129; Martin Altenstädt: 76; AP Photo/ Douglas Pizac: 78 o.; ASSOCIATED Press/David Caulkin: 78; ASSOCIATED Press/Joe Schaber: 154; DALLE APRF/© Govert de Roos/Connu.NL: 10; dpa/Bravo: 130 u.; dpa/dpaweb/ Hubert Boesl: 162; Empics/Duncan Raban: 159; Fryderyk Gabowicz: 12, 26, 59, 68 o., 100, 122; Jazzarchiv/Hardy Schiffer: 116; Photoshot: 49, 136; Sammlung Richter/Max Kohr: 22, 120; United Archives/TopFoto: 110; stock.adobe: 37; ©ATKWORK888: 7–23, 67–75, 93–103, 115–125, 153–161; © bilaaa: 155; © Destina: 43–53, 77–81, 105–113, 137–141, 163–173; © Ekaterina Glazkova: 27; © oldpix: 25–41, 55–65, 83–91, 127–135, 143–151; © RomanS24: 44–54, 78–82, 106–114, 138–142, 164–174; © Edward Samuel: 102; © SO-MATUSCANI: 84; © Stockgiu: 175; © Tommy: 98; © Vitaly: 26–42, 56–66, 84–92, 128–136, 144–152; © Konstantin Kulikov/www.kkulikov.com: 107; © Konstantin Yuganov: 31